Die Furka-Bergstrecke - einst und jetzt

Vergangenheit - oder Blick in die Zukunft? Ein Dampfzug zwischen Oberwald und Gletsch.

Eine Bahn im Hochgebirge

Die 18 km lange Strecke Oberwald-Furka-Realp ist eine Bahnlinie der Extreme: 90 % der Streckenlänge hat mit einer Höhenlage zwischen 1500 m und 2160 m ausgesprochenen Hochgebirgscharakter, drei Viertel liegen in Zahnstangenrampen mit einer Maximalsteigung von 110 ‰. Zahlreiche Kunstbauten waren zur Anlage der Bahntrasse notwendig, darunter fünf Tunnel, neun Viadukte und unzählige Stütz- und Futtermauern. Sieben bis acht Monate im Jahr ist die Strecke nicht befahrbar - zahllose Lawinenzüge machen einen Winterbetrieb hier unmöglich.

Dafür ist eine Reise über die Furka-Bergstrecke in den wenigen Sommermonaten für jeden Fahrgast ein Erlebnis. Allmählich läßt der Zug den grünen Talboden des Goms bei Oberwald unter sich, klettert anfangs durch lichten Bergwald höher, bis sich das Tal zur engen, felsigen Schlucht des Rottens verengt. Nach Überquerung des jungen, schäumenden Flusses und der Fahrt durch den einzigen Kehrtunnel der Bergstrecke öffnet sich der Gletschboden mit dem einzigartigen Blick auf den Rhonegletscher.

Die Sommersiedlung Gletsch besteht eigentlich nur aus dem ehemaligen Seiler-Hotel „Glacier du Rhône", das heute im Besitz des Kantons Wallis ist, und dem zugehörigen „Blauen Haus". Im Zeitalter des Massenverkehrs mit Auto und Motorrad haben sich hier, an der Verzweigung von Grimsel- und Furkastraße, natürlich auch Tankstellen und Kiosks angesiedelt. Neben den imposanten Hotelbauten nimmt sich das Stationsgebäude der Furkabahn sehr bescheiden aus. Aus Platzgründen wurde es auf die rechte Seite des Rottens verbannt; eine einfache Stahlbrücke führt über den Fluß zu den eigentlichen Stationsanlagen. Zu Dampfzeiten war Gletsch Kohlen- und Wasserstation. Alle bergwärts fahrenden Züge hatten hier Aufenthalt zum Wasserfassen, der auch als Verpflegungshalt von den Fahrgästen genutzt werden konnte.

Von Gletsch aus steigt die Bahnlinie am Hang stetig weiter an. Zur Linken bietet sich unentwegt der prachtvolle Blick auf den Rhonegletscher und die kühn angelegte Furkastraße. Hoch oben, an der drittletzten Straßenkehre, klebt das frühere Seiler-Hotel „Belvédère" am steilen Felshang, in unmittelbarer Nähe der Gletschergrotte. Dieses Panorama vor allem hat die Furka-Bergstrecke so berühmt gemacht und wurde wohl von allen Reisenden als der Höhepunkt der Fahrt empfunden, auch wenn der Gletscher seit Eröffnung der Furkabahn bis heute stark zurückgegangen ist. Nach der Kreuzung mit der Furkastraße nahe der Alp Oberalpenstafel erreicht die Bahn die letzte Haltestelle auf der Walliser Seite, Muttbach-Belvédère; hier verschwindet die Strecke im 1874 m langen Furka-Scheiteltunnel, der die 2431 m hoch gelegene Paßhöhe rund 300 m tiefer unterfährt.

Am östlichen Tunnelportal, bereits im Kanton Uri, liegt die Haltestelle Furka, mit 2160 m die höchste Station der Bahn. Im Gegensatz zur Walliser Seite mit dem Verkehrsgewimmel in Gletsch und auf den beiden Paßstraßen umfängt uns hier tiefe Bergeinsamkeit. Die hochgelegene Furkastraße ist kaum zu sehen und noch weniger zu hören; nicht einmal ein Fußweg führt hier herauf ins menschenleere Tal der Furkareuss, auch Garschental genannt. Die Sonnenhänge des Hochtals sind von Murmeltieren bevölkert, weiter unten wird Vieh auf den Alpen Sidelenstafel und Steinstafel gesömmert.

Der einzige Verkehrsweg ist die Furkabahn, die nun wieder mit 110 ‰ Gefälle und Zahnstangenhilfe talwärts geht. An der Alp Steinstafel führt der gemauerte Furkareuss-Viadukt I auf die rechte Talseite hinüber. Die Ausweichstelle Tiefenbach, bereits gut 300 m tiefer als Furka, aber genauso einsam, diente zur Zeit des Dampfbetriebes als Wasserstation für die bergwärts fahrenden Züge. Wenig unterhalb der Haltestelle hat dann doch einmal der technische Fortschritt in diesem sonst so unberührten Tal zugelangt: hier wird das Wasser der Furkareuss gefaßt und durch einen über 6 km langen Stollen zum Göscheneralp-Stausee abgeleitet. Die unterhalb der Wasserfassung verbleibende „Restwassermenge" ist äußerst bescheiden; erst durch mehrere Seitenbäche erhält das Bett der Furkareuss wieder so viel Zulauf, daß man es als natürlichen Bergbach ansehen kann.

Einer dieser Seitenbäche ist der Steffenbach, im Sommer ein friedliches Gewässer, im Winter dagegen ein berüchtigter Lawinenzug. Die Furka-Oberalp-Bahn ließ hier 1925 die inzwischen weltberühmt gewordene, demontierbare Stahlbrücke erbauen, die jeweils vor der Winterpause auf die Widerlager zurückgezogen wird und so den Lawinen freie Bahn läßt.

Unterhalb der Steffenbachbrücke, im Bereich Alt Senntumstafel, verengt sich das Tal zur Schlucht. Drei kurze Tunnel und viele Stütz- und Futtermauern sichern die Bahnlinie an diesem schwierigen, stark wasserführenden Hang. Das letzte große Bauwerk der Furka-Bergstrecke ist die Wilerbrücke kurz vor Realp, mit deren Hilfe die Bahn wieder auf die linke Talseite wechselt. Nach einigen hundert Metern endet die Zahnstange, der Talboden von Urseren ist erreicht und damit bald auch die Station Realp.

Rechte Seite: Glacier-Expreß und Rhonegletscher in den vierziger Jahren.

Die Bergstrecke im Betrieb der FO

Die alte Furkabahn-Gesellschaft konnte von der Bergstrecke nur den Abschnitt Oberwald-Gletsch 1914 in Betrieb nehmen. Die Bauarbeiten an dem übrigen Strekkenteil, mit dem Ausbruch des Ersten Weltkriegs ohnehin für längere Zeit unterbrochen, wurden nach vielfältigen finanziellen und technischen Problemen im Sommer 1916 endgültig eingestellt.
Erst die Furka-Oberalp-Bahn, nach dem Konkurs der alten Gesellschaft als Nachfolgerin gegründet, nahm 1925 die Rekonstruktion und Fertigstellung der Strecke zügig in Angriff. Bereits ein Jahr später, am 3. Juli 1926, wurde die Einweihung der durchgehenden Strecke Brig-Furka-Disentis gefeiert.
16 Jahre lang herrschte auf der Furka-Bergstrecke reiner Dampfbetrieb. Die Stationen Oberwald, Gletsch und Furka waren mit einfachen Drehscheiben von 10 m Nutzlänge zum Wenden der HG 3/4-Lokomotiven ausgerüstet. Kohlevorräte gab es in Oberwald und Gletsch,

Der Beginn der Furka-Bergstrecke bei Oberwald während der Bauzeit.

Feierliche Eröffnung des durchgehenden Betriebes am 3. Juli 1926 im Bahnhof Gletsch.

Oben: Gletsch in einer Aufnahme aus den ersten Jahren des durchgehenden Betriebes.

Unten: Ein Dampfzug der Furka-Oberalp-Bahn, z.T. noch mit der alten Beschriftung „Furkabahn“, bei der Einfahrt nach Realp.

Wasserkräne in Oberwald, Gletsch und Tiefenbach. Die Station Realp, wie Oberwald am Fuße der Furka-Rampen gelegen, hatte keine besondere Ausrüstung für den Dampfbetrieb; statt dessen verfügte Andermatt über Drehscheibe, Kohle und Wasser.
Züge aus Richtung Brig hatten in Oberwald und Gletsch jeweils 3-5 Minuten Aufenthalt zum Ergänzen der Vorräte, die dann bis Andermatt ausreichten. In der Gegenrichtung mußten alle Züge in Tiefenbach Wasser fassen, in Gletsch wurde auch Kohle genommen. Bei den Schnellzügen waren die Aufenthalte in Oberwald und Tiefenbach im Fahrplan gekennzeichnet als „Diensthalt; darf für den Personenverkehr benützt werden". Gleiches galt übrigens für die Haltestelle Tschamut auf der Oberalpstrecke, wo die Züge beider Richtungen Wasser nehmen mußten.
Nachdem 1940/41 zunächst die strategisch wichtige Oberalpstrecke elektrifiziert worden war, löste am 1. Juli 1942 auch auf der Furka-Bergstrecke die elektrische Traktion die „Cholis" ab. Die höhere Anhängelast der HGe 4/4 (80 t statt 60 t) und der Wegfall der Diensthalte führte zu einer Steigerung der Leistungsfähigkeit der Bergstrecke.
Dennoch blieb die Strecke Oberwald-Realp mit ihren langen Zahnstangenrampen, den großen Stationsdistanzen und der damit verbundenen Verspätungsanfälligkeit immer ein gewisser Engpaß. Hinzu kam die exponierte Lage im Hochgebirge, die eine rund achtmonatige Winterruhe von Oktober bis Mai und die Zweiteilung des FO-Netzes bedingte.
Den größten Aufwand für die Bahngesellschaft bedeutete es jedes Jahr, im Herbst die Furkastrecke winterfest zu machen und im folgenden Frühjahr wieder zu räumen. Nach der Betriebseinstellung jeweils um den 10. Oktober wurde die Fahrleitung größtenteils abgebaut. Der Fahrdraht wurde teilweise aufgerollt, teilweise auch nur zwischen die beiden Lamellen der Zahnstange gelegt. An besonders lawinengefährdeten Stellen wurden auch die hölzernen Fahrleitungsmasten demontiert und umgelegt. Große Holztore schützten die Tunnel gegen das Eindringen von Schnee. Zur Vorbereitung auf die Winterruhe gehörte auch jeweils der Abbau der Steffenbachbrücke.
Im Mai begann die Furka-Oberalp-Bahn wieder mit der Freilegung der Bergstrecke. Anfangs geschah dies von Hand - teilweise wurden regelrechte Tunnels durch die Lawinenzüge gegraben -, später fast ausschließlich maschinell. Bei größeren Schneeüberdeckungen (in Lawinenkegeln bis zu 25 Metern!) wurden zunächst Schneefräsen eingesetzt, ehe man die eigentlichen Bahnschleudern verwenden konnte. Wenn das Bahngleis freigelegt war, begann man mit der Montage der Fahrleitung. Farbige Markierungen an den Schienen kennzeichneten die Stellen, wo die Halterungen der Fahrleitungsmaste unter dem Schnee verborgen waren. Von Hand mußten regelrechte Nischen in den Schnee gegraben werden, um die

1942 wurde auch auf der Furka-Bergstrecke der elektrische Betrieb aufgenommen.

Schneeräumung auf der Furka-Bergstrecke. Oben links: Schneepflug zwischen Oberwald und Gletsch. Oben rechts: Lawinenkegel am Tunnel Alt Senntumstafel III. Unten: Schneetunnel bei Alt Senntumstafel.

Maste aufstellen zu können.
Auch die Steffenbachbrücke mußte alljährlich im Mai wieder in Betriebsstellung gebracht werden. Das gut eingespielte Team des Bahndienstes Andermatt erledigte diese Aufgabe normalerweise in eineinhalb bis zwei Tagen.
Allein die Freilegung der Bergstrecke verursachte für die Furka-Oberalp-Bahn alljährliche Kosten in Höhe von mehreren hunderttausend Franken, nicht gerechnet die erhöhten Betriebsaufwendungen durch die Zweiteilung der Strecke im Winter.
Schon Ende der fünfziger Jahre begann die Diskussion um einen Furka-Basistunnel, der Mitte der sechziger Jahre allmählich konkrete Formen annahm. Die FO stellte daher jegliche Modernisierungsmaßnahmen auf der Furka-Bergstrecke zurück und beschränkte sich auf den notwendigen Unterhalt. So kommt es, daß heute noch der gesamte Oberbau weitestgehend aus der Zeit des Bahnbaus stammt und auf der ganzen Strecke keinerlei Signalisierung vorhanden ist. Einzig die Haltestelle Muttbach-Belvédère hat einmal eine Erweiterung erfahren: Sie besaß ursprünglich nur ein Ausweichgleis von 71 m Länge, das kurz vor der Elektrifizierung auf 100 m verlängert und um ein Stumpengleis auf Seite Gletsch ergänzt wurde. Die übrigen Stationen Gletsch, Furka und Tiefenbach blieben im wesentlichen unverändert; sie haben alle eine einheitliche Ausweichlänge von 125 m.
Kurz vor der „drohenden" Fertigstellung des Basistunnels setzte auf der Furka-Bergstrecke noch einmal ein wahrer Fahrgast-Boom ein. Eisenbahnfreunde und Naturliebhaber, die noch einmal eine Bahnfahrt mit Aussicht auf den Rhonegletscher genießen wollten, strömten in den Sommern 1980 und 1981 in Scharen zur Furka und bevölkerten die Züge der FO. Die Bergstrecke wurde noch einmal bis an die Grenzen ihrer Leistungsfähigkeit belastet. Die letzte Saison der FO auf der Furka-Bergstrecke hatte am 4. Mai 1981 mit der Schneeräumung begonnen. Am 30. Mai, dem Tag vor Fahrplanwechsel, wurde pünktlich der Betrieb aufgenommen. In weiser Voraussicht hatte die Direktion den Ansturm der Eisenbahnfreunde eingeplant und bot daher an Freitagen in der Zeit vom 19. Juni bis zum 9. Oktober den „Old-Furka-Special" an. Dieser Zug bestand aus fünf älteren Reisezugwagen ex BFD, bespannt mit einer HGe 4/4, und verkehrte zwischen Andermatt und Oberwald. Im AB 4162 war eine kleine Bar sowie ein „Rail-Shop" mit Souvenirverkauf eingerichtet, an den interessantesten Stellen der Bergstrecke wurden Fotohalte eingelegt, und in Gletsch wurde jedes Mal eine Aktie der früheren Schöllenenbahn AG versteigert.
Die Sommersaison 1981 brach alle Rekorde: Im Juli

Ein Dampfzug erreicht die Station Muttbach, die gerade erweitert worden ist.

Der „Old-Furka-Special" im Oktober 1981 zwischen Realp und Wiler.

Herbst in Gletsch.

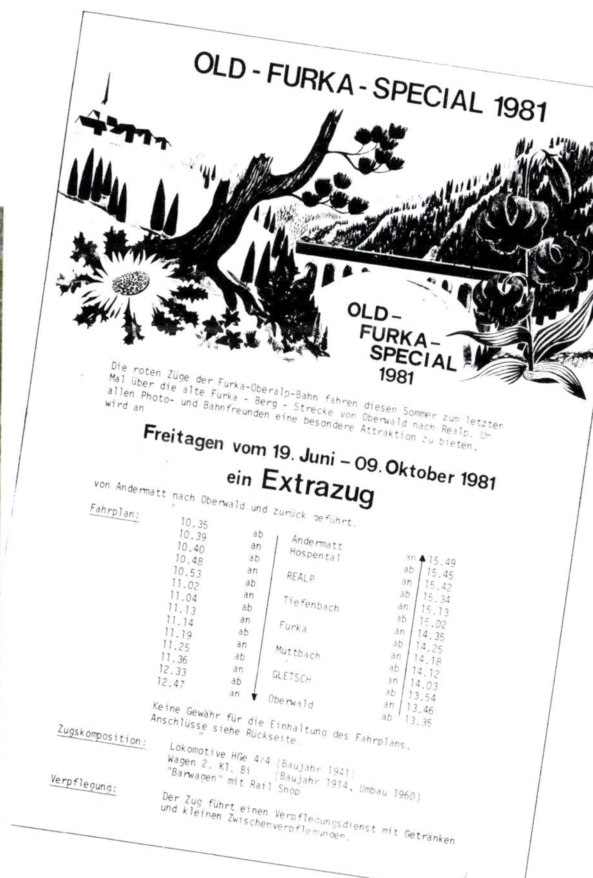

OLD - FURKA - SPECIAL 1981

OLD-FURKA-SPECIAL 1981

Die roten Züge der Furka-Oberalp-Bahn fahren diesen Sommer zum letzten Mal über die alte Furka - Berg - Strecke von Oberwald nach Realp. Um allen Photo- und Bahnfreunden eine besondere Attraktion zu bieten, wird an

Freitagen vom 19. Juni – 09. Oktober 1981

ein Extrazug

von Andermatt nach Oberwald und zurück geführt.

Fahrplan:

10.35	ab	Andermatt	an	15.49
10.39	an	Hospental	ab	15.45
10.40	ab		an	15.42
10.48	an	REALP	ab	15.34
10.53	ab		an	15.13
11.02	an	Tiefenbach	ab	15.02
11.04	ab		an	14.35
11.13	an	Furka	ab	14.25
11.14	ab		an	14.18
11.19	an	Muttbach	ab	14.12
11.25	ab		an	14.03
11.36	an	GLETSCH	ab	13.54
12.33	ab		an	13.46
12.47	an	Oberwald	ab	13.35

Keine Gewähr für die Einhaltung des Fahrplans.
Anschlüsse siehe Rückseite.

Zugskomposition: Lokomotive HGe 4/4 (Baujahr 1941)
Wagen 2. Kl. Bi (Baujahr 1914, Umbau 1960)
"Barwagen" mit Rail Shop

Verpflegung: Der Zug führt einen Verpflegungsdienst mit Getränken und kleinen Zwischenverpflegungen.

./.

wurden auf der Bergstrecke 92 % mehr Fahrgäste gezählt als im Vorjahr, im August sage und schreibe ein Zuwachs von 146 %! Der Personenverkehr auf dem Gesamtnetz der FO wuchs dadurch im August immerhin noch um 58 %.
Der Glacier-Expreß mußte regelmäßig doppelt und dreifach geführt werden. Alles was Räder hatte, wurde für Extrazüge eingesetzt. An einem besonders schönen Tag im September verkehrten allein 56 Entlastungszüge; der Verkehr auf der Schöllenenbahn wurde mit Bussen bewältigt, um Rollmaterial für die Hauptstrecke freizustellen. Regelmäßig mußte die FO ältere Reisezugwagen von der BVZ anmieten, um alle „Furka-Fans“ überhaupt befördern zu können; Regionalzüge im Goms wurden zeitweise mit HGe 4/4 der BVZ bespannt.

menbrach. Einziges technisches Hilfsmittel war der Zugfunk, über den beispielsweise an Spitzenverkehrstagen die gleichzeitige Anfahrt mehrerer Züge in den 110 ‰-Steigungen vermieden werden mußte, damit die Traktionsstromversorgung nicht „ausstieg“.
Aber nicht nur menschliche Fahrgäste transportierte die FO auf der Furka-Bergstrecke: Die letzte Alpabfahrt per Bahn für 90 Tiere von Muttbach nach Reckingen fand am 15. September 1981 statt. Einen knappen Monat später kam der Abschied von der Furka-Bergstrecke der FO. Der 11. Oktober 1981 war der letzte offizielle Betriebstag, die letzte Möglichkeit, noch einmal mit einem der rot-weißen Züge durch den Furka-Scheiteltunnel zu fahren - dessen über 15 km langer Nachfolger stand vor der Fertigstellung...

Abschied von der Bergstrecke - ein verstärkter FO-Pendelzug verläßt Oberwald Richtung Gletsch, während die BVZ-HGe 4/4 11 mit einem FO- und zwei BVZ-Wagen auf den Einsatz als Regionalzug nach Brig wartet; Oktober 1981.

Zugfolgen von fünf Minuten bei gleicher Fahrtrichtung waren keine Seltenheit, „Mehrfach-Kreuzungen“ (z.B. 2 Züge talwärts, 1 Zug bergwärts) kamen ebenfalls vor. Wenn man sich vergegenwärtigt, welcher technische Standard auf der Bergstrecke herrschte, ist die sichere und unfallfreie Abwicklung dieses Großverkehrs eine gewaltige Leistung der FO-Mannschaft! Keine Signale, die Kreuzungsstationen Muttbach, Furka und Tiefenbach ohne örtliches Personal, nur eine Einfach-Fahrleitung ohne Speiseleitung bei außergewöhnlichem Energiebedarf - fast ein Wunder, daß der Betrieb nicht zusam-

Und obwohl noch bis in den November hinein Dienstzüge zwischen Oberwald und Realp unterwegs waren, wird der 11.10.1981 als der Tag in die Eisenbahngeschichte eingehen, an dem sich die Furka-Oberalp-Bahn nach 56 wechselvollen Jahren endgültig von der Furka-Bergstrecke zurückzog.

Eine Bildreise über die Furka-Bergstrecke

Rückblick von der Bergstrecke auf Oberwald, noch vor dem Bau des Basistunnels.

Ein Pendelzug in der alten FO-Farbgebung auf dem Lammenviadukt zwischen Oberwald und Gletsch.

Rechts: Die Rottenschlucht unterhalb Gletsch. Der Glacier-Expreß rollt gerade über den Lehnenviadukt S.

Links: Im 548 m langen Kehrtunnel schraubt sich die Strecke rund 60 m höher. Ein talwärts fahrender Pendelzug verläßt das untere Portal und überquert den Rottenviadukt.

Unten: Der Talboden von Gletsch ist fast erreicht. Lok 34 ist mit ihrem Schnellzug Chur-Brig soeben wieder in die Zahnstange eingefahren. Im Hintergrund der Rhonegletscher; Juli 1980.

Rechte Seite oben: Gletsch Ende der zwanziger Jahre, mit dem noch bis in den Talboden reichenden Rhonegletscher. Links außen das Hotel „Glacier du Rhône", in Bildmitte das Stationsgebäude, rechts dahinter das „Blaue Haus".

Rechte Seite unten: Die gleiche Situation im Rückblick von der Trasse der Furka-Oberalp-Bahn aus. Am rechten Berghang die Grimselstraße.

Oben: Zugkreuzung in Gletsch, kurz nach Saisonbeginn. Ladegleis und Güterrampe liegen noch unter meterhohen Schneemassen.

Links: Die klassische Aussicht auf den Rhonegletscher, aufgenommen im letzten FO-Sommer 1981.

Rechts: Der Niveauübergang Muttbach mußte nach Einstellung des FO-Betriebes dem Ausbau der Furkastraße weichen.

Unten: Die Station Muttbach-Belvédère im September 1988. Die Dampfbahn Furka-Bergstrecke AG hat mittlerweile die Nachfolge der FO angetreten.

Oben: Ähnlich wie auf dieser Aufnahme aus den ersten Betriebsjahren könnte es einst in Muttbach wieder aussehen.

Unten: Blick vom Furkapaß ins Wallis. Am linken Bildrand die Stationsanlage von Muttbach-Belvédère mit der Richtung Gletsch weiterführenden Bahnlinie. Über den Kehren der Grimselstraße im Talhintergrund der höchste Gipfel der Berner Alpen, das Finsteraarhorn (4274 m).

Rechte Seite oben: Am anderen Ende des Scheiteltunnels liegt die Station Furka, mit 2160 m höchster Punkt der Bergstrecke.

Rechte Seite unten: Zugkreuzung in Furka, Juni 1981. Gleich hinter der Weiche beginnt die Zahnstangenrampe nach Tiefenbach.

2
B 4281

Links: Ein Pendelzug nach Brig verschwindet im Furka-Scheiteltunnel.

Unten: Die Brücke über den Sidelenbach im einsamen Garschental.

Oben: Schnellzug nach Disentis auf dem Furkareuss-Viadukt I an der Alp Steinstafel.

Rechts: Die einsame Haltestelle Tiefenbach hatte während des elektrischen Betriebes nur Bedeutung als Kreuzungsstation. Früher mußten hier die Dampfzüge Wasser nehmen.

Oben: Blick von der kleinen Hotelsiedlung Tiefenbach an der Furkastraße zur Paßhöhe. Unten das Garschental mit dem Gleis der Furka-Bergstrekke, das sich von der Haltestelle Tiefenbach über den Steinstafel-Viadukt bis zur Haltestelle Furka gut verfolgen läßt.

Links: Einer der berüchtigsten Lawinenzüge, das Steffenbachtobel.

Rechte Seite: Das berühmteste Bauwerk der Furka-Bergstrecke, die Steffenbachbrücke, die sich jeden Winter auf die Widerlager zurückzieht, um den Lawinen freie Bahn zu lassen.

Mit Dampf über die Steffenbachbrükke - vielleicht schon bald wieder Wirklichkeit...

Unterhalb der Steffenbachbrücke gewinnt das Tal der Furkareuss schluchtartigen Charakter. Ein Pendelzug am Tunnel Alt Senntumstafel I.

Rechte Seite oben: Die Bahnlinie zwischen den Tunneln Alt Senntumstafel I und II im August 1988. Die jahrelang fehlende Unterhaltung, Lawinen- und Hochwasserschäden erfordern hier viel Einsatz für die Sanierung der Strecke.

Rechte Seite unten: Ein Schnellzug Brig-Chur verläßt den Tunnel Alt Senntumstafel III; August 1981. Hier richtete die DFB 1986 ihre erste Großbaustelle ein, um den eingestürzten Portalbereich zu rekonstruieren. Auch die Stützmauern mußten nach den schweren Unwettern von 1987 teilweise erneuert werden.

Links: Der Glacier-Expreß auf der Wilerbrücke im Sommer 1981. Nur wenige 100 Meter noch bis zum Ende der Zahnstangenrampe vor Realp.

Unten: Die Bergstrecke liegt hinter uns. Ein Blick zurück zeigt das letzte Stück der Bahnlinie, fast eben neben der friedlichen Furkareuss verlaufend. Hinter den Alphütten von Wiler ist der Einschnitt des Garschentales zu erkennen, durch das die Furkabahn aus der Hochgebirgsregion herabsteigt.

Neues Leben auf der Furka-Bergstrecke

Rettet die Furka-Bergstrecke!

Am späten Abend des 11. Oktober 1981 rollte der letzte Reisezug, ein Militärextrazug Brig-Andermatt, über die Furka-Bergstrecke. War es wirklich der letzte? Damals sah es so aus, als hätte die Strecke Oberwald-Realp mit Eröffnung des Basistunnels für immer ausgedient. Die Bahnanlagen sollten abgebrochen werden, die Trasse auf Urner Seite als Alpweg genutzt werden.
Aber nicht alle wollten sich mit der definitiven Einstellung dieser einmaligen Linie, die tausende und abertausende von Eisenbahnfreunden und Reisegenießern in den letzten beiden Sommern angelockt hatte, abfinden. Bereits im Sommer 1981 stellte Nationalrat Silvio Bircher eine kleine Anfrage an das Parlament, ob es eine Möglichkeit gebe, die Bergstrecke auch in Zukunft aus touristischen Gründen weiterzubetreiben. Der Bundesrat antwortete, dies sei nur mittels einer privaten Trägerschaft möglich, keinesfalls unter Betriebsführung der FO.

Erste Erfolge

Engagierte Eisenbahnfreunde und Idealisten fanden sich daraufhin 1982 zusammen und gründeten am 14. September 1982 ein Komitee mit dem Ziel der Erhaltung der Furka-Bergstrecke. Unter Mithilfe der Presse wurde versucht, dieses Anliegen in die Öffentlichkeit zu tragen und weitere Interessenten zu mobilisieren. Eine gelungene Aktion mit großem Echo in den Schweizer Zeitungen fand am 6. August 1983 in Gletsch statt, als der Abbruch der Bergstrecke bereits kurz bevorstand. In Gesprächen mit der FO konnte daraufhin erreicht werden, daß die Demontage der Gleise zunächst bis ins Frühjahr 1984 verschoben wurde.
Durch diesen ersten, wesentlichen Erfolg ermutigt beschloß das Initiativ-Komitee am 8. Oktober 1983, einen Verein zur Erhaltung der Furka-Bergstrecke zu gründen. Intensive Mitgliederwerbung wurde auf einem rasch improvisierten Stand während der Modellbautage im Verkehrshaus der Schweiz in Luzern betrieben. Am 3. Dezember 1983 wurde der „Verein Furka-Bergstrecke (VFB)" aus der Taufe gehoben, dem auf Anhieb über 300 Mitglieder beitraten.
Die Ausarbeitung eines generellen Nutzungskonzeptes und weitere Verhandlungen mit der FO führten im Juli 1984 dazu, daß diese den Abbruchentscheid aufhob, dem Verein erste Unterhaltsarbeiten an der Bergstrecke erlaubte und die Gebäude in Gletsch (Remise und Stationsgebäude) vermietete.

Die dritte „Furkabahn-Gesellschaft"

Der nächste Schritt war die Vorbereitung der Gründung einer Betriebsgesellschaft, da der Verein allein weder finanziell noch juristisch in der Lage gewesen wäre, die Furka-Bergstrecke zu sanieren und wieder in Betrieb zu nehmen. Mit einem Seitenblick auf die Geschichte der Furkabahn kam es exakt 75 Jahre nach deren Gründung, am 27. Mai 1985, im gleichen Lausanner Hotel wie damals, zur Gründungsversammlung der „Dampfbahn Furka-Bergstrecke AG (DFB)" mit einem vorgesehenen Grundkapital von 100.000 Franken.
Bei der Emission der Aktien zeigte sich rasch, wie ungebrochen die Anziehungskraft der Furka-Bergstrecke war: statt der erwarteten 100.000 Franken wurde bis Ende 1985 der dreifache Betrag gezeichnet! Am 22. Februar 1986 fand die konstituierende Generalversammlung der DFB statt.

An der Bergstrecke wird wieder gearbeitet

Inzwischen hatten im Sommer 1985 durch Freiwillige des Vereins Furka-Bergstrecke die ersten Unterhaltsarbeiten begonnen: das Gleis wurde von Felstrümmern befreit, die Entwässerungsgräben teilweise gesäubert und wieder funktionsfähig gemacht, in Gletsch wurde die Renovierung des Bahnhofsgebäudes und der Remise in Angriff genommen, wobei in letzterer Schlafräume und eine Küche für die freiwilligen Helfer geschaffen wurden.
In Goldau (SZ) bildete sich eine Arbeitsgruppe, die im Winter 1985/86 aus einem kleinen antriebslosen Bahnmeisterwagen der Rhätischen Bahn eine Zahnrad-Motordraisine mit hydraulisch kippbarer Ladefläche baute. Dieser Xmh 1/2 leistete in der Bausaison 1986 gute Dienste auf der Urner Seite der Furka-Bergstrecke, die praktisch nur über die Schiene ab Realp erreichbar ist. Die Draisine beförderte nun regelmäßig Fronarbeiter und Baumaterial zur ersten Großbaustelle, dem Tunnel Alt Senntumstafel III, dessen unterer Portalbereich auf rund 12 m Länge eingestürzt war. Im August 1986 konnte hier durch die Goldauer Gruppe das Tunnelportal neu betoniert werden.
Auf der Walliser Seite gingen die Arbeiten in Gletsch weiter. Hier wurde u.a. die linke Ufermauer des Rottens saniert, die ehemalige zweite Revisionsgrube im Fahrzeugschuppen wieder ausgehoben und das fehlende zweite Gleis wieder eingebaut.

„Idealisten haben den Abbruch der Strecke verhindert, doch jetzt ist Professionalismus gefordert."

Dieses Zitat stammt von Alfred Gysin, dem Präsidenten der Dampfbahn Furka-Bergstrecke AG. Und aus der einstigen kleinen Gruppe von Idealisten wurde tatsächlich sehr bald eine ernst zu nehmende Eisenbahnunternehmung, die die anstehenden Probleme auf der Furka-Bergstrecke mit einem Team von Fachleuten professionell angeht. Hier wird auch die Arbeitsteilung zwischen Verein und AG deutlich: die AG arbeitet fast ausschließ-

lich mit Freiwilligen - Fronarbeitern -, die sich aus den Reihen des Vereins rekrutieren; Management, Planung und Einsatzleitung erfolgt durch Profis seitens der AG. Nach den gemachten Erfahrungen ergibt sich durch den Frondiensteinsatz eine Verzehnfachung des durch die AG eingesetzten Kapitals, inzwischen als „Furka-Faktor“ schon zum festen Begriff geworden. Zur Finanzierung der großen Aufgaben beschloß die Dampfbahn Furka-Bergstrecke AG 1986 eine erste Kapitalerhöhung auf 600.000 Fr.; wiederum trat eine Überzeichnung ein, so daß Ende 1986 820.000 Fr. zur Verfügung standen. Im Sommer 1986 machte die DFB zusammen mit Experten des Bundesamts für Verkehr in mehreren Begehungen eine Bestandsaufnahme der seit der Stillegung eingetretenen Schäden, um eine Grundlage für die weiteren Rekonstruktionsarbeiten festzulegen. Daraus ergab sich, daß der Abschnitt Realp-Tiefenbach-Furka den geringsten Aufwand zur Wiederherstellung erforderte und damit als erster für einen künftigen Teilbetrieb in Frage kam.

1987 - Fortschritte ...

Die Goldauer Arbeitsgruppe ging im Winter 1986/87 daran, ein leistungsfähiges Triebfahrzeug für die kommende Bausaison zu schaffen, nachdem sich herausgestellt hatte, daß die Draisine Xmh 1/2 für größere Baueinsätze nicht ganz genügte. Dazu wurde eine gebrauchte Deutz-Diesellok erworben, die beim Bau des

Oben links: Der erste Großeinsatz zur Rekonstruktion der Furka-Bergstrekke am Tunnel Alt Senntumstafel III.

Oben rechts: Fröhliche Gesichter beim „Richtfest“ am neuen Tunnelportal im August 1986.

Links: Einbau des zweiten Gleises in der Remise Gletsch.

Aktivitäten in Goldau: Umbau einer gebrauchten Deutz-Lok zur heute unentbehrlichen HGm 2/2.

Schwamendinger Tunnels in Zürich eingesetzt gewesen war. Auf der Basis dieses Fahrzeugs wurde in Tausenden von Arbeitsstunden praktisch eine neue Lokomotive HGm 2/2 mit Adhäsions- und Zahnradantrieb, neuer Bremsanlage, Zug- und Stoßvorrichtungen nach FO-Norm, verlängertem Rahmen und neuem, geräumigem Führerhaus gebaut. Ebenfalls in der Goldauer Werkstatt entstand ein Kranwagen, aufgebaut auf dem Untergestell eines Brünig-Güterwagens, den die SBB zusammen mit einigen anderen abgegeben hatten.

Am 12. Februar 1987 kam die DFB ihrem Ziel wieder ein gutes Stück näher: nach positiv verlaufenen Gesprächen wurde zwischen DFB und FO eine Absichtserklärung über die Abtretung der Bergstrecke unterzeichnet.

Die Bausaison 1987 begann mit der spektakulären Rekonstruktion des Lammenviadukts zwischen Oberwald und Gletsch. Im Zusammenhang mit dem Ausbau von Grimsel- und Furkastraße hatte der Kanton Wallis 1986 zwei Bogen des gemauerten Viadukts abbrechen lassen, um auch 2,50 m breiten Straßenfahrzeugen die Durchfahrt zu ermöglichen. Die DFB wurde an den Planungen beteiligt, so daß bereits beim Abbruch der im Wege stehenden Bogen neue Widerlager für einen durchgehenden Stahlträger aufgemauert wurden. Am 20. Juni 1987 war es soweit: ein Autokran setzte in Millimeterarbeit eine Stahlkonstruktion von 16,5 m Länge und rund 15 Tonnen Gewicht ein - die Lücke war wieder geschlossen. Die übrigen Arbeiten, wie Montage der Brückengelän-

Die Lücke im Lammenviadukt zwischen Oberwald und Gletsch wird geschlossen; 20.6.1987.

der und Einbau der Holzschwellen, besorgten wiederum Fronarbeiter vom Verein Furka-Bergstrecke.

... und Rückschläge

Aber der große Einsatz für die einmalige Bahn blieb auch von Rückschlägen nicht verschont. In der Nacht vom 24. auf den 25. August 1987 geschah die verheerende Unwetterkatastrophe, die weite Teile der Schweiz heimsuchte und u.a. zu monatelangen Betriebseinstellungen auf Strecken der FO und RhB führte. Auch die Furka-Bergstrecke auf der Urner Seite war betroffen: Stützmauern im Bereich Alt Senntumstafel wurden beschädigt oder zerstört, bei der Einmündung der Witenwasserenreuss in die Furkareuss (Zahnstangeneinfahrt) rissen die Wassermassen rund 200 m Bahnkörper mit sich, Schlamm und Geröll verschüttete das Gleis an etlichen Stellen. Nur der Geistesgegenwart eines Fronarbeiters ist die Rettung der Baulok HGm 2/2 zu verdanken. Er alarmierte am späten Abend noch gerade rechtzeitig die Armee, die die Lok mit einem Bergepanzer aus dem provisorischen Schuppen der FO zog und in Sicherheit brachte. Kurz darauf versank der Schuppen in den hochgehenden Fluten der Reuss.

Die Zahnstangeneinfahrt unterhalb der Wilerbrücke nach den Unwettern vom August 1987.

Was angesichts der gewaltigen Schäden kaum einer zu hoffen wagte, trat ein: Innerhalb weniger Wochen schafften es die Aktiven von VFB bzw. DFB, die Strecke wieder befahrbar zu machen. Am 12. September rollte schon der erste Bauzug über den erneuerten Bahnkörper, und man begann mit der Reparatur der beschädigten Stützmauern.

Eine eigene Bahnstrecke für die DFB

Die Unwetterkatastrophe konnte die Aktivitäten zum Erhalt und zur Wiederinbetriebnahme der Furka-Bergstrecke zum Glück nur unwesentlich aufhalten. Am 14. Oktober 1987 wurde ein Kaufvertrag zwischen FO und DFB unterzeichnet: die DFB wurde Eigentümerin der Strecke Realp-Tiefenbach-Furka. Nur zwei Tage später erreichte der erste Zug seit 1981 wieder die - noch zusammengeklappte - Steffenbachbrücke. Am 27. November kam es zum Abschluß eines zweiten Vertrages, der den Übergang des Abschnitts Gletsch-Furka ins Eigentum der DFB und die Übernahme des Teilstücks Oberwald-Gletsch im Baurecht regelte. Damit war die junge Bahngesellschaft im Besitz ihrer eigenen Strecke! Sämtliche Hochbauten auf Bahnareal wie Bahnhofgebäude und Remise in Gletsch, der später dem Unwetter zum Opfer gefallene Schuppen in Realp und alle Betriebsgebäude entlang der Strecke gingen ebenfalls ins Eigentum der DFB über.

Das Konzessionsgesuch

Mit Inbetriebnahme des Basistunnels war die eidgenössische Konzession für die Furka-Bergstrecke erloschen. Voraussetzung für eine Wiederinbetriebnahme durch die DFB ist daher die Erteilung einer neuen Eisenbahnkonzession. Nach Abschluß der Verträge mit der FO traf die DFB die Vorbereitungen für die Einreichung eines Konzessionsgesuchs. Wiederum am historischen Datum des 27. Mai (1988) reichte die DFB den Antrag auf Erteilung einer eidgenössischen Eisenbahnkonzession für die Strecke Oberwald-Gletsch-Furka-Realp beim Bundesamt für Verkehr in Bern ein.
Der umfangreiche Schriftsatz zu diesem Antrag enthält u.a.: Begründung des Konzessionsgesuches - Bisherige Anstrengungen zur Erhaltung der Bergstrecke - Das Projekt - Betriebskonzept - Investitionen und Wirtschaftlichkeit - Terminplan.
Das Konzessionsgesuch hatte den üblichen Weg durch die Instanzen zurückzulegen und wurde sowohl im Ständerat wie im Nationalrat behandelt.

Rekonstruktionsarbeiten 1988

Unabhängig von der Erteilung der Konzession gingen die Sanierungsarbeiten an der Bergstrecke weiter. Dank der breiten Öffentlichkeitsarbeit wuchs die Zahl der VFB-Mitglieder stark an, gleichzeitig auch die Zahl der freiwilligen Helfer. Zwei weitere Kapitalerhöhungen brachten das Aktienkapital 1988 zunächst auf 1,8 Mio., Mitte 1989 dann auf 3,3 Mio. Franken.

Mitgliederentwicklung des Vereins Furka-Bergstrecke.

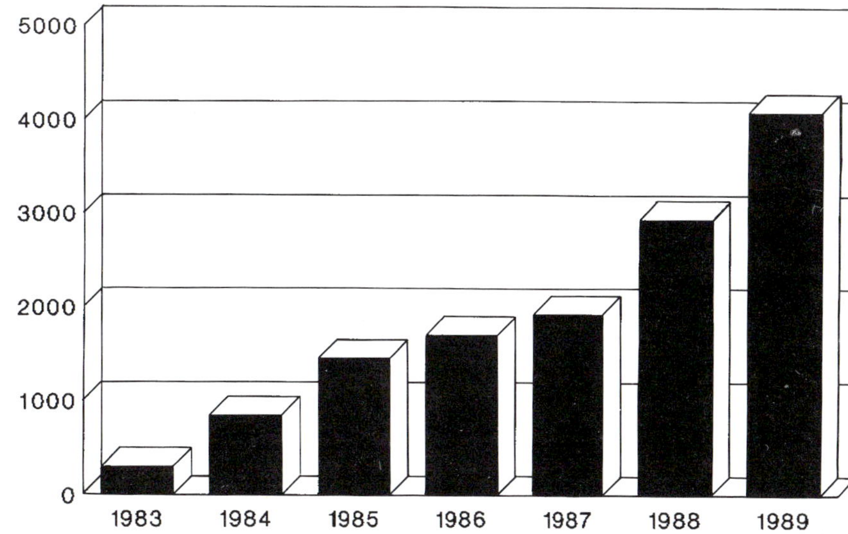

Basierend auf der Schadenserhebung vom Sommer 1986 sieht der Terminplan eine stufenweise Inbetriebnahme der Bergstrecke vor. In der ersten Phase soll 1990/91 der Betrieb auf einem Teilstück der Strecke Realp - Furka aufgenommen werden. Etwa 1993 ist eine Ausweitung bis Gletsch vorgesehen, etwa 1996 könnte die gesamte Bergstrecke befahren werden. Entsprechend diesem Zeitplan wurde der Schwerpunkt der Sanierungsarbeiten zunächst auf die Urner Seite gelegt, wo die drei Tunnel Alt Senntumstafel zu rekonstruieren sind. Die Arbeiten am Tunnel III konnten im August 1988 mit der Bruchsteinverkleidung des neuen Ostportals im wesentlichen abgeschlossen werden, bei den beiden anderen Tunneln sind sie für die Bausaison 1990 projektiert.

Die berühmte Steffenbachbrücke, ein technisches Glanzstück der Bergstrecke, wurde vom 20. bis 23. Juni 1988 repariert und erstmals seit 1981 wieder aufgebaut; damit war bereits die gesamte Strecke Realp - Furka mit Bauzügen wieder befahrbar. Seither wird die Brücke -

Die Schienenverbindung Uri-Wallis ist wieder befahrbar! Ein Bauzug der DFB am vorläufigen Gleisende unterhalb Muttbach am 2. Oktober 1988.

wie in alten Zeiten - jeweils im Frühjahr aufgerichtet und im Herbst wieder in Winterstellung gebracht. Die alten Handwinden der FO wurden inzwischen von der DFB auf elektrischen Antrieb umgerüstet, was die Arbeiten wesentlich erleichtert.
Der Furka-Scheiteltunnel, das alte Sorgenkind von BFD und FO, wurde anfangs August 1988 mit Tunnelbauexperten begangen und neu vermessen. Damit war die Grundlage für die Ausarbeitung eines Sanierungsprojektes vorhanden. Zusammen mit einem im Tunnelbau spezialisierten Ingenieurunternehmen setzte die DFB auch 1989 die umfangreichen Vermessungs- und Sondierungsarbeiten fort. Dabei erwies sich der Zustand des Tunnels als besser als vorher angenommen. Bereits am 17.9.88 drang ein DFB-Bauzug nach der Schließung mehrerer Gleislücken erstmals durch den Scheiteltunnel bis zum vorläufigen Gleisende an der früheren Kreuzung mit der Furkastraße unterhalb Muttbach vor.

Fronarbeit an der Furka-Bergstrecke - ein Bilderbogen

Der Installationsplatz bei Realp. Links die ehemalige Brünig-Draisine Dmh 3962, hinter der Rolleiter die selbstgebaute Draisine Xmh 1/2 sowie zwei Brünig-Güterwagen, die heute als Werkstatt- bzw. Küchenwagen dienen.

Ein wichtiges Fahrzeug zum Transport von schwerem Baumaterial zu den Baustellen entlang der Bergstrecke: der Tiefgangwagen 1001, hier mit einem Wechselbehälter mit Gleisschotter.

Oben links: Schalungsarbeiten an den Stützmauern entlang der Furkareuss.
Oben rechts: Die Krampmaschine wird aufs Gleis gesetzt.
Rechts: Bauzug aus HGm 2/2, Kranwagen, Tiefgangwagen mit Schotteraufsatz sowie Krampmaschine auf der Wilerbrücke.
Unten: Maschinelles Krampen im rekonstruierten Tunnel III.

Bei kleineren Arbeitseinsätzen ist die Draisine Dmh ein beliebtes Vehikel, um Fronarbeiter und Werkzeug zur Baustelle zu befördern. Am 19. September 1988 knatterte sie über den Steinstafel-Viadukt.

Auch schweres Gerät gehört zum Maschinenpark der Dampfbahn Furka-Bergstrecke. Ein Poclain-Bagger im Einsatz zur Beseitigung von Unwetterschäden am Durchlaß des Muttbachs.

Transport des Baggers von Muttbach zur einer neuen Einsatzstelle auf der Urner Seite. Wieder einmal bewähren sich die Lok HGm 2/2 und der universelle Tiefgangwagen, aufgenommen in der Station Furka am 24.9.1988.

Aber auch Handarbeit und Muskelkraft sind gefragt: Wiedereinbau der fehlenden Schienen im Hauptgleis der Station Furka.

Rechts: Die Lücke ist geschlossen. Beim Anziehen der Schwellenschrauben gibt es wieder maschinelle Hilfe.

Unten: Nach dem Arbeitstag wird aufgeräumt. Beim Verladen von Maschinen und Material ist der hydraulische Kran eine wertvolle Hilfe. Aber der Tag ist noch nicht zu Ende: die gut einstündige Rückfahrt von Furka nach Realp steht noch bevor - 7,6 km mit 610 m Höhendifferenz!

Die Steffenbachbrücke

Weltweit bekannt ist die Steffenbachbrücke, die jeden Herbst auf die Widerlager zurückgezogen wurde, um den Lawinen freien Durchgang zu gewähren. Diese einmalige Konstruktion, 1925 von der Firma Theodor Bell & Cie., Kriens, erbaut, besteht aus drei etwa gleich langen Brückenteilen. Die beiden äußeren Fahrbahnstücke stützen sich jeweils auf ein Widerlager und eine Pendelstütze, die am Fuß des Widerlagers angelenkt ist. Das Mittelteil der Brücke ist über ein Gelenk fest mit dem talseitigen Stück verbunden. In Winterstellung liegen die beiden äußeren Brückenteile auf den Widerlagern bzw. dem anschließenden Streckengleis auf, das Mittelstück ist abgeklappt und hängt frei am talseitigen Widerlager herab.

Technische Daten

Gesamtlänge	36 m
Größte Höhe über Grund	17 m
Bahnneigung	110 ‰
Spannweiten	
Unterteil (Seite Realp)	11298 mm
Oberteil (Seite Tiefenbach)	11653 mm
Mittelteil	13290 mm
Gewicht der Stahlkonstruktion	32 t
Gewicht des Gleisoberbaus	15 t

Seilführung bei der Montage der Steffenbachbrücke

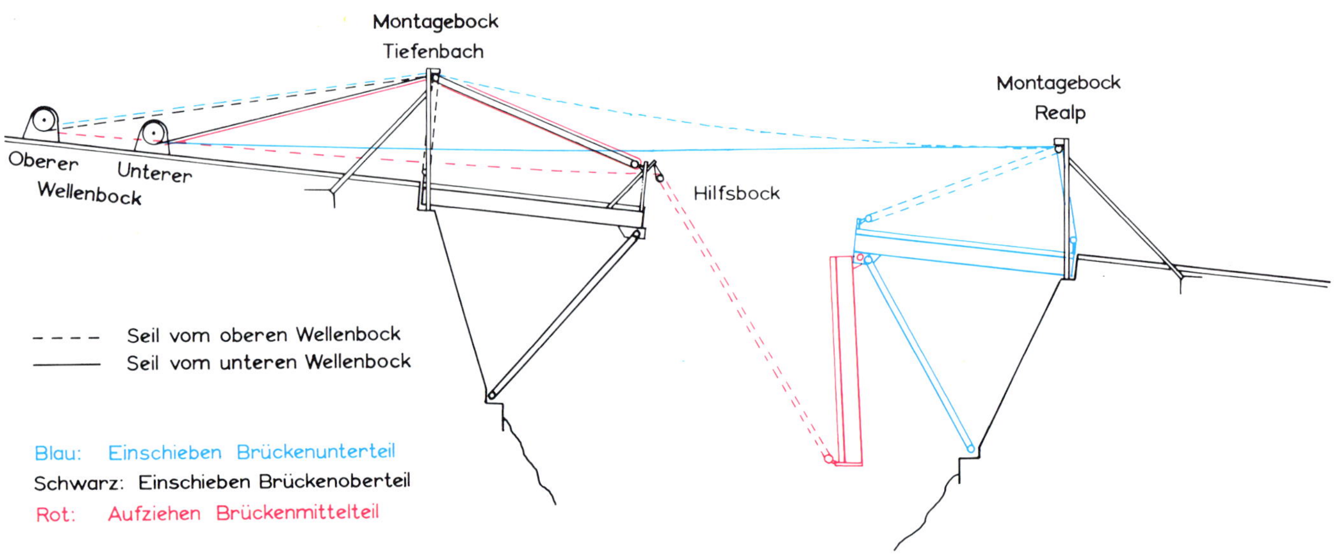

①

Der Aufbauvorgang

Die Brücke ist so konstruiert, daß sie mit geringstmöglichem Aufwand an Geräten und Material auf-und abgebaut werden kann. Einzige Hilfsmittel sind zwei handbetriebene Seilwinden, genannt Wellenböcke, die in einem Unterstand auf Seite Tiefenbach gelagert sind und für den Montagevorgang auf dafür vorgesehenen Betonfundamenten im Gleis verschraubt werden. Die gesamte Montage erfolgt von der Tiefenbach-Seite aus. In der ersten Phase wird das Brückenunterteil eingeschoben. Dazu wird das Seil des oberen Wellenbocks über die beiden großen Montageböcke auf den Widerlagern geführt und über einen sechsfachen Flaschenzug am oberen Ende des Brückenteils eingehängt; das Seil des unteren Wellen-

②

③

④

bocks wird sinngemäß am unteren Brückenende befestigt. Durch Nachlassen an der oberen und Anziehen an der unteren Seilwinde wird das Brückenunterteil, zusammen mit dem frei hängenden Mittelteil, vorsichtig ausgefahren. Diese kritische Phase verlangt eine optimale Abstimmung der Mannschaften an den Winden, da die Brücke zeitweise nur von den beiden Seilen gehalten wird (Bild 1). Zum Schluß wird das untere Ende auf das Auflager abgesenkt und dort verschraubt (Bild 2).

Vor dem Ausfahren des Oberteils wird an dessen talseitigem Ende ein kleiner Hilfsbock montiert, der zur Befestigung des Flaschenzuges dient. Die beiden von den Winden abgehenden Seile werden wieder über den großen Montagebock ge-

⑤

⑥ 

⑦ 

⑧ 

führt und über Flaschenzüge am Hilfsbock bzw. oberen Brückenende eingehängt (Bild 3). Das Ausfahren erfolgt im Prinzip wie beim unteren Brükkenteil, jedoch wird das Oberteil zunächst nicht ganz in Endstellung geschoben, damit das Mittelteil beim Aufziehen genügend Freiheit hat. Dabei wird das Oberteil weiter vom Seil des unteren Wellenbocks gehalten.

Der nächste Schritt ist das Umhängen des oberen Seils über den kleinen Hilfsbock an das freie Ende des Brücken-Mittelteils unten in der Schlucht (Bild 4). Mit der oberen Seilwinde wird das Mittelteil hochgezogen (Bilder 5-7), und zwar etwas höher als in Endstellung, damit das Brückenoberteil in seine richtige Position verschoben werden kann (Bild 8). Erst dann wird das Mittelteil abgelassen und mit dem Oberteil verschraubt.

Zum Abschluß der Arbeiten wird der kleine Hilfsbock wieder demontiert, die Schienenstöße verlascht und die Zahnstangen an den Stoßlücken der einzelnen Brückenteile eingesetzt. Nachdem die Seilwinden wieder im Unterstand verstaut sind, steht der Aufnahme des Zugverkehrs nichts mehr im Weg.

Die Aufnahmen 2-8 entstanden am 22. und 23. Juni 1988, als die Steffenbachbrücke nach siebenjähriger Pause durch die Dampfbahn Furka-Bergstrecke AG unter Mitwirkung eines Brückenbautrupps der SBB erstmals wieder aufgebaut wurde.

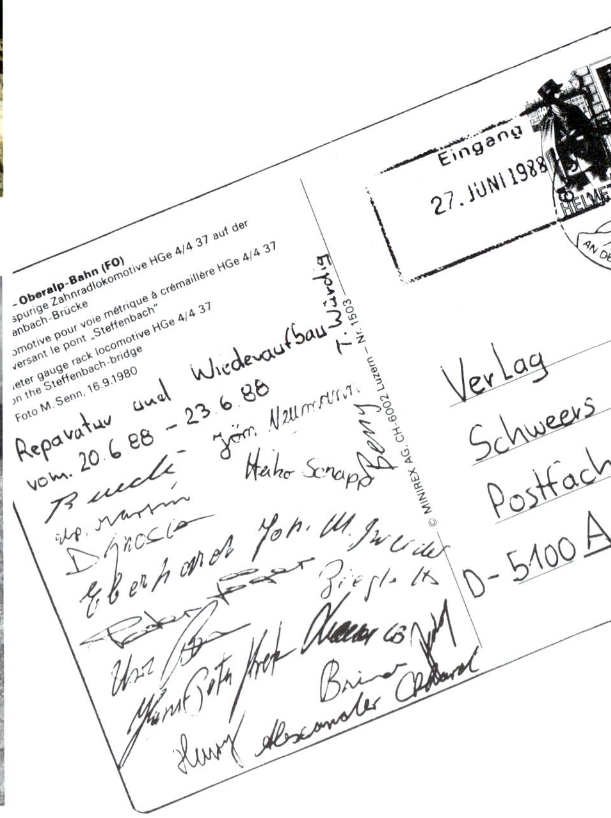

Baufortschritte auf der Bergstrecke 1989

Für die Bausaison 1989 war vor allem konzentrierter Einsatz auf dem künftigen ersten Betriebsabschnitt Realp - Tiefenbach notwendig. Dies bezog sich hauptsächlich auf den Gleisoberbau und die Erweiterung des Installationsplatzes in Realp. So wurden im Sommer 1989 erstmals größere Gleisbauarbeiten durchgeführt. Auf längeren Teilstücken wurde die Bettung gereinigt bzw. eine Neubeschotterung vorgenommen, verbunden mit Richten und Stopfen des Gleises. Alle eingefahrenen Stöße zwischen Wilerbrücke und Tiefenbach wurden nachreguliert und neu gestopft. Spurweite und Zahnstangenteilung wurden überprüft und, wo nötig, korrigiert. Die Steffenbachbrücke erhielt durchgehend neuen Oberbau mit dem schwereren Schienenprofil SBB V.

Eine Gleisbaustelle an der Steffenbachbrücke. Spur und Höhenlage des Gleises werden vermessen, im Hintergrund wartet die Krampmaschine auf ihren Einsatz.

Im Abschnitt Realp - Tiefenbach wurde ferner die Sanierung der Stützmauern fortgesetzt. Dabei konzentrierten sich die Arbeiten auf den Bereich zwischen den Tunneln Alt Senntumstafel I bis III. Hier war einerseits ein im Vorjahr begonnenes Objekt fertigzustellen, andererseits ergab sich durch den unvorhersehbaren teilweisen Einsturz einer Stützmauer außerplanmäßige Mehrarbeit. Im Verlauf von etwa vier Wochen konnte auch diese Mauer gesichert und saniert werden. Durch die deswegen notwendige Streckensperrung mußten allerdings größere Arbeiten oberhalb dieser Baustelle zeitlich verschoben werden.

Ein Großumbau stand im September 1989 auf dem Programm. Mit Hilfe des Militärs (zwei Eisenbahndetachemente) konnten 950 m Strecke, von Realp bis zur Wilerbrücke, vollkommen erneuert werden. Dabei wurden das vorhandene Gleis komplett demontiert, der Unterbau saniert und der Adhäsionsabschnitt bis zur Zahnstangeneinfahrt mit gebrauchtem Ersatzmaterial völlig

Oberhalb Tunnel II wird eine Baustelle zur Unterfangung und Sicherung der überraschend eingestürzten Stützmauer eingerichtet, 24.7.89.

neu erstellt. Hier kam ebenfalls das Profil SBB V zum Einbau. Die freigewordenen Schienen des Profils B sind für Austauschmaßnahmen auf der Zahnstangenstrecke vorgesehen. Die Erd- und Schotterarbeiten bei diesem Großumbau umfaßten rund 1200 m^3 Aushub, die Aufbereitung von rund 800 m^3 Altschotter sowie die Einbringung von 600 m^3 Neuschotter.

Militäreinsatz zwischen Realp und Wilerbrücke.

Ein weiteres, für den künftigen Betrieb wesentliches Projekt konnte ebenfalls im Sommer 1989 in Angriff genommen werden: der Ausbau des Installationsplatzes Realp zum Depotstandort. Nachdem Ende Juli die Bewilligung für eine Depot- und Werkstatthalle eingetroffen war, begann die DFB unverzüglich mit den Bauarbeiten. Bis zum Wintereinbruch gelang es unter großem Einsatz aller Beteiligten, das Untergeschoß fertigzustellen; in die Betondecke wurden bereits die künftigen Hallengleise eingelassen. Mit dem Depotkeller stehen nun einwandfreie Lagerräume für Maschinen, Werkzeug und Oberbaumaterial zur Verfügung.

Vorbereitungen für den Totalumbau der Adhäsionsstrecke bei Realp. Oben: ein Bagger beim Auskoffern der Bettung neben dem Gleisrost, dahinter die Diesellok mit einem Schienentransport, am oberen Bildrand die Draisine Xmh ex FO. Unten: Abladen der neuen Schienen entlang der umzubauenden Strecke.

Links: Gewaltige Schneemauern säumen die Bergstrecke im Frühsommer, hier zwischen Tunnel I und II. Der Oberbau in diesem Bereich wurde im Sommer 1989 völlig durchgearbeitet.

Der erste Bauabschnitt der Fahrzeugremise Realp entstand während der Bausaison 1989. Einige markante Zwischenstufen zeigt diese Bildseite.

Betonieren der Bodenplatte.

Die Wände des Kellergeschosses stehen, teilweise noch mit Schalung.

Vorbereitungen zum Gießen der Kellerdecke. Ein Autokran hebt eines der künftigen Hallengleise auf die Deckenschalung.

Nicht unerwähnt bleiben soll auch die Herstellung einer provisorischen Gleisverbindung zum FO-Netz in Realp. Ein von der Trogener Bahn leihweise übernommenes, transportables Klettergleis wurde so angepaßt, daß es bedarfsweise als Anschluß an das Autozuggleis der FO eingesetzt werden kann. Dieses Provisorium, das selbstverständlich nur in der nächtlichen Betriebspause der FO zum Zuge kommen kann, ermöglichte bereits der Dampflokomotive „WEISSHORN" den problemlosen Übergang auf die Furka-Bergstrecke (siehe Seite 44.)

Im Vorfeld der Remise wurde eine Drehscheibe von 14 m Nutzlänge eingebaut, die Ende Oktober bereits provisorisch in Betrieb genommen werden konnte. Die Drehscheibe war der DFB von der Rhätischen Bahn überlassen worden, die an ihrem bisherigen Standort Pontresina keine Verwendung mehr für sie hatte. Ende Mai 1989 baute die DFB die Anlage buchstäblich in einer Nachtaktion aus und transportierte sie per Bahn nach Hospental, von dort per LKW nach Realp. Im Zusammenhang mit dem Bau der Remise und dem Einbau der Drehscheibe waren auch einige Änderungen am bisher eher vorläufigen Gleisplan von „Realp DFB" notwendig.

Neben den umfangreichen Arbeiten auf der Urner Seite blieb man auch auf Seite Gletsch nicht tatenlos: Hier gab es Einsätze an Stützmauern und der Gleisentwässerung, Ausbaumaßnahmen in den Gebäuden im Bahnhof Gletsch sowie ergänzende Arbeiten am Lammenviadukt.

Die Bausaison 1989 bildete mit den beschriebenen Schwerpunkten einen wichtigen Meilenstein für die DFB. Insbesondere mit dem Streckenumbau und der Depotanlage Realp wurden Projekte in Angriff genommen, die für den gesamten Wiederaufbau der Bergstrecke richtungsweisend sind.

Oben links: Der Extrazug zum Transport der Drehscheibe von Pontresina zur Furka-Bergstrecke auf dem Val Bugnei-Viadukt bei Sedrun, 27.5.89.

Oben rechts: Einheben des Brückenträgers der Drehscheibe in Realp.

Links: Dampflok WEISSHORN kurz vor dem Tunnel Alt Senntumstafel I. Die abgebildete Stützmauer wurde 1988/89 erneuert, das Gleis vollkommen durchgearbeitet und neu geschottert. Der Baufortschritt in diesem Bereich wird besonders deutlich im Vergleich zu den Bildern auf Seite 23 oben und 38 unten links.

Fahrzeuge der Dampfbahn Furka-Bergstrecke

1. Fahrzeuge für den künftigen Regelbetrieb

Während die weiter hinten beschriebenen Baufahrzeuge nur innerbetrieblichen Zwecken der DFB dienen, werden an die Lokomotiven und Wagen des geplanten Regelbetriebes zusätzliche Anforderungen gestellt. Alle Fahrzeuge müssen den Ausführungsbestimmungen der schweizerischen Eisenbahnverordnung für meterspurige Zahnradbahnen entsprechen und sollen technisch ohne Einschränkungen auf das Netz der Furka-Oberalp-Bahn übergangsfähig sein. Somit werden die Normalien der FO bezüglich Lichtraumprofil, Fahrzeugumgrenzung, zulässiger Achs- und Meterlasten sowie Zughakenlasten auch für Strecke und Fahrzeuge der DFB übernommen.

Für den künftigen Betrieb auf der reaktivierten Furka-Bergstrecke ist von Anfang an die Dampftraktion vorgesehen. Es sind also meterspurige Dampflokomotiven mit Adhäsions- und Zahnradantrieb nach System Abt zu beschaffen.

Die Dampflokomotive HG 2/3 WEISSHORN

Lebenslauf einer Zahnradlok

Die erste Lokomotive, die auf der wiedererweckten Furka-Bergstrecke dampfen wird, stammt von der benachbarten Visp-Zermatt-Bahn: die HG 2/3 Nr. 6 „WEISSHORN", 1902 von SLM gebaut. Sie stellt einen Nachbau ihrer bewährten Schwestern Nr. 1-4 (Baujahr 1890) und 5 (Baujahr 1893) dar. Zwei weitere Maschinen dieses Typs beschaffte die VZ nochmals 1908 bzw. 1910. Die Strecke der Visp-Zermatt-Bahn weist ähnliche Normalien wie die der viel später erbauten Furka-Oberalp-Bahn auf. Die Abt'sche Doppellamellen-Zahnstange ist identisch; die Maximalsteigung der insgesamt sechs Zahnstangen-Abschnitte ist mit 125 ‰ etwas größer als bei der FO. Im Rahmen der jahrzehntelangen Betriebsgemeinschaft zwischen VZ und FO haben VZ-Lokomotiven mehrfach bei der FO ausgeholfen. Nach Aussage älterer Eisenbahner ist auch die „WEISSHORN" auf der Furka-Bergstrecke „streckenkundig".

Die HG 2/3-Lokomotiven der VZ waren speziell für die Streckenverhältnisse zwischen Visp und Zermatt ausgelegt. Ihre Kesselleistung ist auf die Beförderung von 45 Tonnen Anhängelast mit 8-12 km/h auf 125 ‰ berechnet und reicht aus, um den längsten Zahnstangenabschnitt von rund 1,7 km Länge zu überwinden. Als Vierzylinderlok mit je einem Zwillings-Triebwerk für Adhäsions- und Zahnstangenbetrieb hat die HG 2/3 auf den Zahnstangenrampen einen relativ großen Frischdampfbedarf. Ursprünglich als Naßdampflokomotive konzipiert, wurde die „WEISSHORN" 1924 auf Heißdampf umgebaut; damit stieg die Kesselleistung um rund 25 %. Nach der Elektrifizierung im Jahre 1929 wurden die meisten der 8 VZ-Dampfloks überflüssig. Die Nr. 6 „WEISSHORN" wurde 1941 an die Emser Werke bei Chur verkauft, wo sie den Rangierdienst auf dem innerbetrieblichen Meterspurnetz übernahm; das dafür nicht notwendige Zahnrad-Triebwerk wurde ausgebaut und verschrottet. Nachdem die Normalspur mittels dritter Schiene auf der RhB-Strecke von Chur bis zu den Emser Werken vorgedrungen war, wurde sie 1965 auch hier brotlos. Die Emser Werke überließen die Lokomotive der Stadt Chur, die sie vor dem Herold-Schulhaus als Denkmal aufstellte. Über zwanzig Jahre lang träumte sie hier einer ungewissen Zukunft entgegen.

1988 entschied sich die Schuljugend der Stadt Chur, die Anstrengungen um die Reaktivierung der Furka-Bergstrecke mit einem großherzigen Beitrag zu unterstützen: Sie schenkte ihre „WEISSHORN" am 3. Juni 1988 dem Verein Furka-Bergstrecke, der damit seine erste Dampflok für den künftigen Betrieb erhielt!

Die WEISSHORN verläßt ihren langjährigen Platz vor dem Herold-Schulhaus in Chur.

Hauptrevision 1988/89

Nach der Übernahme untersuchte die DFB zusammen mit Fachleuten der SLM und des Schweizerischen Dampfkessel-Vereins (SVDB) die Lokomotive gründlich und veranschlagte die Kosten für eine Revision. Bereits im Oktober 1988 wurden die ersten Teilaufträge vergeben. Der größte Teil der Arbeiten wurde dem spezialisierten Unternehmen Oswald-Steam in Samstagern (OSS) übertragen. Rahmen, Zylinderblöcke und Fahrwerk der Lokomotive waren überraschend gut erhalten und konnten perfekt aufgearbeitet werden. Auch der Originalkessel wurde nach einer umfassenden inneren und äußeren Revision vom SVDB wieder neu zugelassen. Im Zuge der Revision wurden die Denkenanker, der komplette Rohrsatz, der Domdeckel einschließlich der Sicherheitsventile sowie der Feuerrost durch fabrikneue Teile ersetzt.

Das 1941 ausgebaute Zahnradtriebwerk und die zugehörige Bremsausrüstung fertigte die SLM in Winterthur neu an; dabei konnten die neuen Anforderungen des Bundesamtes für Verkehr an Zahnradtriebfahrzeuge ohne Mehrkosten berücksichtigt werden. Die neuen Federeinsätze für die vier gefederten Triebzahnkränze stellte die Brienz-Rothorn-Bahn her. Die Radsätze der Lok wurden in der Hauptwerkstätte Landquart der RhB untersucht und mit neuen Radreifen versehen.

Weitere Unterlieferanten waren an dem Gesamtprojekt „WEISSHORN" beteiligt und traten auch teilweise als Sponsoren auf. Rund 20 % der Revisionsaufwendungen wurden in einem speziellen Programm in Fronarbeit durch VFB-Mitglieder und durch Industriesponsoring erbracht. So konnten die Gesamtkosten der Hauptrevision reduziert werden, ohne daß die Qualität der Arbeit Einbußen erlitt.

Oben: Der demontierte Dampfkessel.

Mitte: Der Zylinderblock des Zahnradtriebwerks.

Rechts: Die Triebradsätze mit dem neu angefertigten Zahnradtriebwerk.

Die Inbetriebnahme der DFB HG 2/3 Nr. 6 „WEISSHORN“

Nach Abschluß der Revision konnte die DFB im Herbst 1989, wie geplant, ihre erste Dampflokomotive in Betrieb nehmen. Die wichtigsten Ereignisse in Stichworten:

27.08.89 Offizielle Einweihungsfeier in Realp.
25.09.89 Abschluß der Arbeiten in Samstagern, Verlad der Lok und Transport durch die SBB nach Landquart.
28.09.89 Erstes Anheizen im RhB-Depot Landquart. Inspektion der gesamten Maschine und Erstellen einer Arbeitsliste.
07.10.89 Inbetriebnahme des Kessels nach erfolgtem Nachwalzen der Rauchrohre.
08.10.89 Erstes Roll-Out der „WEISSHORN“ im RhB-Areal Landquart.
09.10.89 Bremsversuchsfahrten bei der RhB.
10.10.89 Lastprobefahrt zwischen Landquart und Malans.
11.10.89 Fahrt mit Anhängelast von Landquart nach Disentis.
12.10.89 Fahrt mit eigener Kraft in Begleitung einer FO- Elektrolok von Disentis via Oberalp nach Realp.
19.10.89 Überführung von den Gleisen der FO auf die Furka- Bergstrecke mit Hilfe eines Klettergleises.
21.10.89 Erste Testfahrten auf der Furka-Bergstrecke.
22.10.89 Erste Bergfahrt der „WEISSHORN“ bis zur Steffenbachbrücke.
29.10.89 Lastprobefahrt in 110‰ Steigung mit einer Zugsmasse von 58 t bis zur Steffenbachbrücke. Bei der Talfahrt Test des Gegendruckbremsbetriebes in der Zahnstange.
04.11.89 Rückkehr nach Landquart.

Nach der Inbetriebnahme der „WEISSHORN“ ergaben sich noch einige Nacharbeiten, die bis zur Kollaudation auszuführen sind. Dabei geht es um Verbesserung der Vakuumbremse, Einbau eines registrierenden Tachometers, theoretischen Nachvollzug der ursprünglichen Stabilitätsberechnung der Lok für die Zahnstange, Einbau der Anschlüsse für die externe elektrische Kessel-Vorheizanlage und Einbau einer Dampfturbogruppe für die elektrische Versorgung von Lok und Zug. Nach Abschluß dieser Arbeiten steht einer endgültigen Abnahme durch das BAV im Frühjahr 1990 nichts mehr im Wege.

Oben: Erstmals seit 48 Jahren wieder auf einer Zahnstangenstrecke - die WEISSHORN besteht auf Anhieb ihre Feuertaufe am Oberalppaß. Der vorsichtshalber beigegebene FO-Triebwagens wurde nicht in Anspruch genommen. Sedrun, 12.10.89.

Rechts: Begegnung mit dem Glacier-Expreß in Disentis am 12.10.89. Letzte Vorbereitungen vor der „heißen“ Überfuhr nach Andermatt.

Die WEISSHORN erreicht erstmals ihre neue Heimat, die Furka-Bergstrecke. Mit Hilfe eines Klettergleises verläßt sie den FO-Bahnhof Realp in der Nacht vom 19. auf den 20. Oktober 1989.

Zusammen mit der Indienststellung der ersten Dampflok werden auch die ersten Anlagen des künftigen DFB-Lokdepots Realp fertiggestellt. Rechtzeitig vor der Rückführung der WEISSHORN nach Landquart ist die Drehscheibe soweit betriebsbereit, daß die Lok hier gewendet werden kann; 29.10.89.

Ein erster Betriebseinsatz auf der Furka-Bergstrecke: Am 21.10.89 führte die WEISSHORN einen Bauzug für Aufräumarbeiten vor der Winterruhe, hier am Oberbaulager am Beginn der Zahnstangenstrecke nach Tiefenbach.

Oben: Fast wie zu Zeiten der FO, jeweils im Frühjahr: wieder ein Dampfzug auf der Wilerbrücke! Gegenüber diesem Bild vom 21.10.89 werden die Fahrleitungsmasten 1990 verschwinden.

Unten: Erstmals auch wieder Dampf am Steffenbachtobel, 22.10.89. Die letzte Dampflok der Furka-Oberalp-Bahn, Lok Nr. 4, war hier 1968 zum letzten Mal unterwegs.

Rechts: Zum Abschluß der Testfahrten am Berg fand am 29.10.89 eine Lastprobefahrt mit dem Kranwagen und der Diesellok statt.

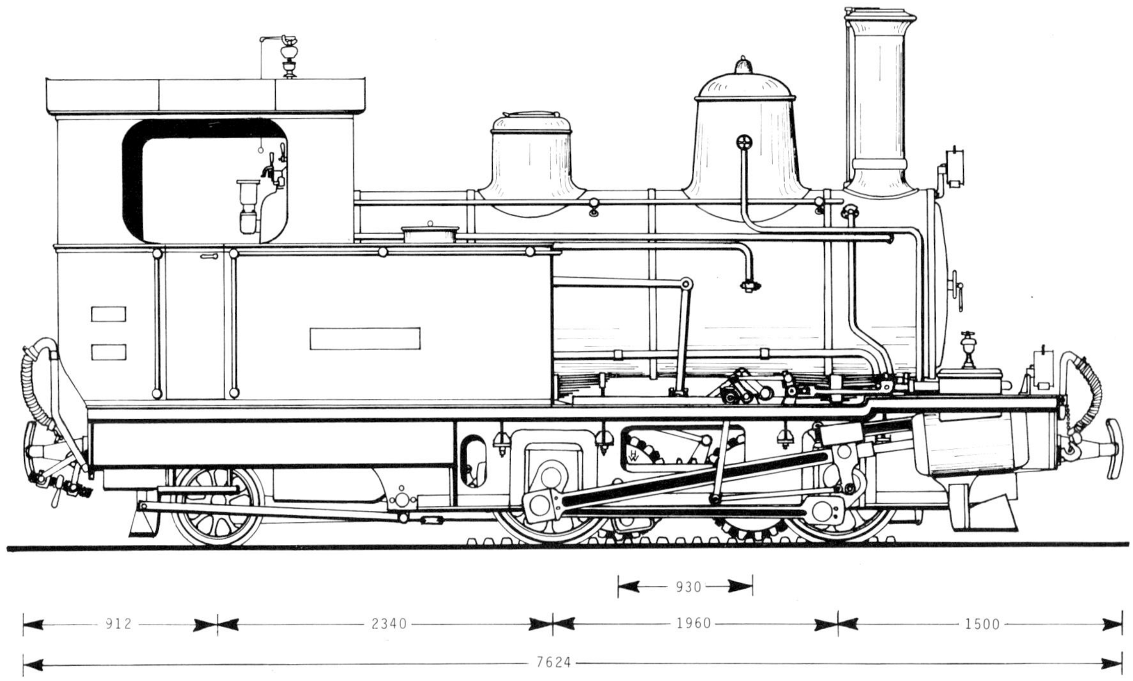

HG 2/3 6 „WEISSHORN“
ex Visp-Zermatt-Bahn

Vierzylinder-Heißdampf-Vierlings-Maschine mit getrennten Adhäsions- und Zahnradtriebwerken. Außenliegende Zylinder für Adhäsionsantrieb, Innenzylinder für Zahnradantrieb. 2 Triebzahnräder. Außenrahmen mit Hall'schen Kurbeln; eigener Barrenrahmen für das Innentriebwerk, direkt auf die Adhäsionsachsen abgestützt. Flachschieber. Gegendruckbremse.

Baujahr 1902
Hersteller SLM
Fabrik-Nummer 1410
Dienstgewicht 31 t
Leistung 350 PS/260 kW
Vmax Adhäsion 30 km/h
Zahnstange 15 km/h
45 t Anhängelast auf 110 ‰ bei 12 km/h

Dampflokomotiven HG 3/4 und HG 4/4 aus Vietnam

Die Furkabahn Brig-Furka-Disentis (BFD) bzw. ihre Nachfolgerin, die Furka-Oberalp-Bahn (FO), verfügten über insgesamt 10 Lokomotiven HG 3/4, die alle 1913/14 in den Werkstätten der Schweizerischen Lokomotiv- und Maschinenfabrik Winterthur (SLM) gebaut wurden. Nach der Elektrifizierung 1941/42 blieben vier Maschinen zunächst als Reserve bei der FO, die anderen wurden ins Ausland verkauft. Heute existieren in der Schweiz nur noch zwei Original-FO-Dampflokomotiven: die Nr. 3 bei der Museumsbahn Blonay-Chamby und die Nr. 4 bei der Furka-Oberalp-Bahn selbst.
Die FO hatte 1947 vier Lokomotiven an Frankreich verkauft, die im damaligen Französisch-Indochina, dem heutigen Vietnam, eingesetzt werden sollten. Recherchen der DFB ergaben, daß diese Lokomotiven noch existieren, die Bahnlinie selbst aber seit dem Vietnam-Krieg außer Betrieb ist. Im Juni 1988 machten sich zwei Mitarbeiter der DFB auf Einladung der vietnamesischen Regierung auf die Reise in die Volksrepublik Vietnam, um dort möglichst alle noch auffindbaren Dampflokomotiven der früheren Zahnradbahn auf ihre Verwendungsfähigkeit zu untersuchen.

Eine Abt'sche Zahnradbahn in Vietnam

Die 84 km lange Meterspurbahn, die für vier Furka-Lokomotiven zur zweiten Heimat wurde, liegt im früheren Südvietnam und führt von der Küste aus in die fruchtbare, rund 1500 m hoch gelegene Region von Da Lat. Sie wurde von den französischen Kolonialherren zu Beginn der zwanziger Jahre gebaut, um Agrarprodukte und Erzeugnisse der Forstwirtschaft in die großen Ballungszentren an der Küste zu transportieren. Für die Franzosen war die kühle Bergregion aber auch Zufluchtsort vor der tropischen Sommerhitze in den Tiefebenen.
Die Bahn zweigt in Thap Cham, rund 300 km nordöstlich von Saigon, von der Hauptlinie Saigon - Hanoi ab und verläuft zunächst als Adhäsionsbahn über 41 km nach Song Pha (185 m ü.M.). Die hier einsetzende Bergstrecke enthält drei Zahnstangenrampen mit Steigungen von 100 bis 120 ‰ und einer Gesamtlänge von knapp 15 km. Ihren Kulminationspunkt erreicht die Bahn bei km 63 auf 1539 m ü.M. in einem 628 m langen Scheiteltunnel. Der Endbahnhof Da Lat liegt auf 1477 m ü.M.
Während des Vietnam-Krieges von 1968 bis 1976 hatte die Bahn sehr stark zu leiden. Daß das Gebiet nördlich von Song Pha dem Vietcong ideale Einsatzbedingungen bot, zeigt die Tatsache, daß entlang der ersten, 7 km langen Zahnradstrecke innerhalb von einem Jahr mehr als dreißig Anschläge auf die Bahn ausgeübt wurden. Die Bahn war aber von großer strategischer Bedeutung, so daß sie jedesmal sofort wieder repariert und in Betrieb genommen wurde.
Mit dem Ende des Vietnamkrieges endete auch der Bahnbetrieb. Offensichtlich waren die permanenten Kriegsschäden zu groß, außerdem bestand vorerst auch kein Transportbedürfnis mehr. Von der Bergstrecke sind inzwischen kilometerlange Teilstücke abgetragen oder vom Dschungel überwuchert. Die Adhäsionsstrecke Thap Cham - Song Pha ist jedoch noch vorhanden und befahrbar.

Links: Lok 31-202, die frühere FO HG 3/4 2, im Schuppen in Song Pha.

31-201

Die Zahnrad-Dampflokomotiven der Strecke Song Pha - Da Lat

Zur Betriebsaufnahme im Jahre 1924 lieferte SLM fünf Lokomotiven HG 4/4 für Zahnrad- und Adhäsionsbetrieb, die als 701-705 in Dienst gestellt wurden. Die Maschinenfabrik Esslingen baute im Jahre 1929 nach den SLM-Zeichnungen zwei weitere, gleichartige Lokomotiven als Reparationsleistung an Frankreich (Betr.-Nr. 706-707). SLM selbst lieferte 1930 nochmals zwei Maschinen dieses Typs (708-709), so daß schließlich neun Loks im Bestand der „Regie des Chemins de Fer du Vietnam - Service Central V.B.R." waren. Diese Vierkuppler hatten ein Vierzylinder-Heißdampf-Verbundtriebwerk mit zwei im Rahmen gelagerten Triebzahnrädern. Sie konnten rund 70 t Anhängelast auf den Zahnstangenrampen schleppen.
1947 erwarb Frankreich von der Furka-Oberalp-Bahn die HG 3/4-Lokomotiven Nr. 1, 2, 8 und 9. Über Marseille, Singapur und Saigon gelangten sie nach Thap Cham. Die nun insgesamt 13 Lokomotiven wurden 1955, nach dem Rückzug Frankreichs aus seiner Kolonie, von der Südvietnamesischen Staatsbahn (Viet Nam Hoa Xa, VHX) neu klassiert und numeriert. Die neun HG 4/4 erhielten die Bezeichnung 40-301 bis 309, die HG 3/4 ex FO die Nummern 31-201 bis 204.
Alle Dampfloks besaßen elektrische Zugbeleuchtung. Zu diesem Zweck war ein französischer Turbogenerator auf dem linken Kohlekasten montiert. Die ehemaligen FO-Maschinen 31-201 bis 204 wurden mit vergrößerten Kohlekästen versehen und erhielten zusätzliche Vakuumbehälter auf dem Kessel. Die Lokomotiven 31-202 und 204 waren überdies noch mit einer Druckluftbremse ausgerüstet. Offenbar hatten diese Maschinen zwischen Thap Cham und Song Pha auch druckluftgebremste Regelzüge von der Hauptstrecke zu befördern oder waren im Rangierdienst in Thap Cham eingesetzt.
Von den insgesamt 13 Lokomotiven fanden die beiden Experten der DFB im Juni 1988 noch acht Stück in verschiedenen Bahnhöfen oder Depots entlang der Strecke. Ihr technischer Zustand ist, nach den jahrzehntelangen Kriegswirren und über zwölfjähriger Abstellzeit, sehr unterschiedlich. Die vier früheren FO-Loks sind noch alle vorhanden, davon sind zwei für eine Wiederinbetriebnahme nach gründlicher Revision geeignet. Ähnliches gilt für die HG 4/4-Lokomotiven; auch hier wären zwei wieder betriebsfähig herzurichten.
In Vietnam stehen also vier Original-SLM-Dampflokomotiven, die für den künftigen Bahnbetrieb über die Furka-Bergstrecke wie geschaffen sind. Zwei davon, die früheren Lokomotiven FO 1 und FO 2, würden sogar wieder in ihre alte Heimat zurückkehren. Die DFB hat daher schon frühzeitig Kontakte mit Vietnam aufgenommen mit dem Ziel, diese Lokomotiven - evtl. eine weitere als Ersatzteilspender - in die Schweiz zurückzuholen. Anfang 1989 waren die Verhandlungen so weit fortgeschritten, daß es in absehbarer Zeit zu einem Vertragsabschluß kommen dürfte.

Linke Seite oben: Lok 31-201, vormals FO HG 3/4 1, hat den Vietnamkrieg ohne bleibende Schäden überstanden. Im Juni 1988 wartet sie im Depot Da Lat auf bessere Zeiten in ihrer Schweizer Heimat.

Linke Seite unten: Eine Furka-Lok im Dschungel. Offenbar schon jahrelang rostet die frühere FO-Lok Nr. 9 im Bahnhofsgelände von Da Lat vor sich hin.

Eine der von SLM für Indochina gebauten Vierkuppler-Lokomotiven, die 40-304, im Depot Da Lat.

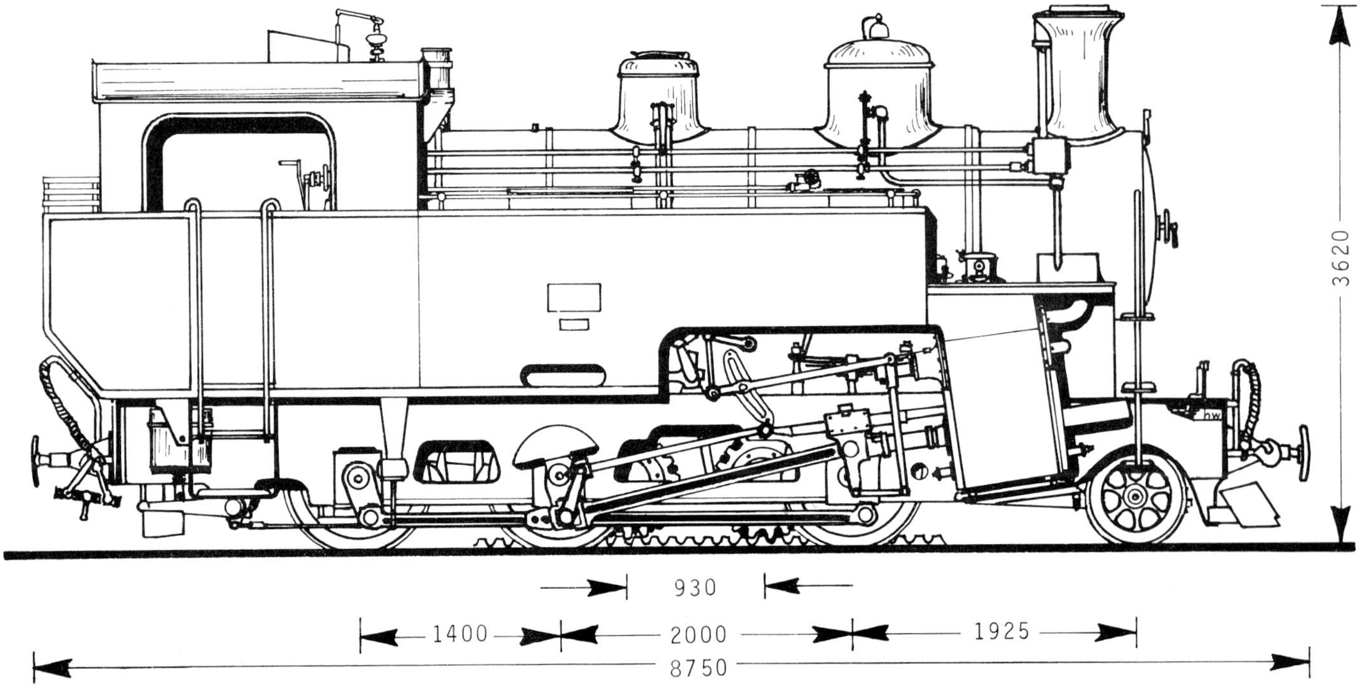

HG 3/4
ex Furka-Oberalp-Bahn

Vierzylinder-Heißdampf-Verbund-Lokomotiven mit getrennten Adhäsions- und Zahnrad-Triebwerken. Außenliegende Hochdruck-Zylinder für Adhäsionsantrieb, innenliegende Niederdruckzylinder für Zahnradantrieb. 2 Triebzahnräder. Außenrahmen mit Hall'schen Kurbeln; eigener Barrenrahmen für das Zahnradtriebwerk, direkt auf zwei Adhäsionsachsen abgestützt. Kolbenschieber. Gegendruckbremse.

Betriebsnummern FO 1, 2
Betriebsnummern VHX 31-201, 31-202
Baujahr 1913
Hersteller SLM
Fabrik-Nummern 2315, 2316
Dienstgewicht 44 t
Leistung 600 PS/440 kW
Vmax Adhäsion 45 km/h
Zahnstange 20 km/h
60 t Anhängelast auf 110 ‰ bei 18 km/h

HG 4/4
ex Vietnamesische Staatsbahnen

Vierzylinder-Heißdampf-Verbund-Lokomotiven mit getrennten Adhäsions- und Zahnradtriebwerken. Obenliegende Niederdruckzylinder und untenliegende Hochdruckzylinder, nach System Winterthur. 2 Triebzahnräder. Innenrahmen. Kolbenschieber. Gegendruckbremse.

Betriebsnummern VHX 40-304, 40-308
Baujahre 1923, 1930
Hersteller SLM
Fabrik-Nummern 2940, 3413
Dienstgewicht 46 t
Leistung 820 PS/600 kW
Vmax Adhäsion 45 km/h
Zahnstange 20 km/h
75 t Anhängelast auf 110 ‰ bei 14 km/h

2. Baufahrzeuge für den Wiederaufbau der Furka-Bergstrecke

Für die umfangreichen Sanierungs- und Wiederaufbauarbeiten an der Bergstrecke mußte die DFB zunächst geeignete Baudienstfahrzeuge beschaffen. Dies war umso mehr notwendig, als der größte Teil der Bahnlinie von Straßen und Wegen aus nicht zugänglich ist, sondern nur über die Schiene erreicht werden kann. Der Dienstfahrzeugpark ist speziell auf die Anforderungen des Ressorts Bau ausgelegt, nicht aber für den zukünftigen Regelbetrieb mit dampfgeführten Reisezügen.
Im Frühjahr 1989 umfaßte der Bestand an Baudienstfahrzeugen eine Zahnrad-Diesellokomotive HGm 2/2, drei Motordraisinen, zwei offene Güterwagen, einen Tiefladewagen, einen Kranwagen und einen Kippwagen; außerdem sind drei gedeckte Güterwagen vorhanden, die am DFB-Installationsplatz Realp als Werkstatt- bzw. Aufenthalts- und Küchenwagen dienen. Verschiedene Nebenfahrzeuge wie Rollwagen, Rolleiter und Diplorys ergänzen den Fahrzeugpark des Ressorts Bau. Wichtigstes Fahrzeug ist die Diesellokomotive HGm 2/2, ohne die der Transport von Baumaterial wie Beton, Schotter und Schienen sowie von schweren Baumaschinen zu den einzelnen Baustellen entlang der Bergstrecke nicht möglich wäre. Die Lokomotive soll bis 1996 als Bauzuglok dienen. Die vorhandenen Zahnrad-Draisinen werden vor allem zum Transport von Arbeitskräften und leichtem Werkzeug bei kleineren Baueinsätzen benutzt.
Eine große Erleichterung für den Baudienst stellen die Spezialwagen dar. Der Kranwagen ist beim Verladen von Baumaterial eine unentbehrliche Hilfe. Der Tiefgangwagen ermöglicht den Transport von schweren Baumaschinen zum Einsatzort; dank seiner extrem niedrigen Bauhöhe bereitet das Profil der Tunnel keine Probleme. Das Fahrzeug kann bei Bedarf auch mit einem Wechselbehälter für Schottertransporte ausgerüstet werden. Kranwagen und Tiefgangwagen entstanden ebenso wie der 1989 umgebaute Kippwagen auf der Basis von Güterwagen-Fahrgestellen der Brüniglinie (SBB). Nahezu alle Baufahrzeuge wurden vor der Inbetriebnahme den speziellen Bedingungen angepaßt. Dies machte z.T. umfang-

reiche Umbauten erforderlich, die größtenteils in Fronarbeit durchgeführt wurden.
Außer den Schienenfahrzeugen verfügt die DFB über einen ansehnlichen Park von Baumaschinen wie hydraulische Bagger, Radlader, Stopfmaschine usw., deren Darstellung diesen Rahmen sprengen würde. Erwähnung soll hier aber die große Schneefräse Typ Peter finden, die 1989 neu zum Einsatz kommt. Dieses Raupenfahrzeug aus schweizerischen Armeebeständen soll in Zukunft jedes Jahr seine Dienste bei der Schneeräumung an der Bergstrecke leisten.

Übersicht über die Baufahrzeuge, Stand Frühjahr 1989

Bauzuglokomotive für Zahnstangenbetrieb

HGm 2/2	ex Baulok U-Straßenbahn Zürich (Deutz/1959), Umbau DFB 1986/87

Baudienstdraisinen für Zahnstangenbetrieb

Xmh 1/2	Eigenbau DFB 1985
Xmh 1/2	ex SBB Brünig Dmh 3962 (Asper/1941)
Xmh 1/2	ex FO Xmh 4961 (Asper/1941)

Baudienstwagen (Umbau DFB)

Werkzeugwagen	ex SBB Brünig Gk 2046 (Baujahr 1908)
Mannschaftswagen	ex SBB Brünig Gk 2037 (Baujahr 1900)
Kranwagen	ex SBB Brünig Gk 2056 (Baujahr 1910)
Tiefgangwagen	ex SBB Brünig Gk 2064 (Baujahr 1912)
Kippwagen	ex SBB Brünig Gk 2034 (Baujahr 1900)
Flachwagen	ex RhB Kkl 7040 (MAN/1903)
Flachwagen	ex RhB Kkl 7048 (MAN/1903)

1989 wurde der Bestand um einen Postwagen der Ferrovia Lugano-Ponte Tresa erweitert; die Einsatz- und Verwendungsmöglichkeiten werden noch festgelegt.

Postwagen	ex FLP 9 (1974 ex Biasca-Acquarossa Z 57; 1949 ex SBB Brünig Z3 332; Erbauer: SIG/1904)

Schneeräumgeräte (Raupenfahrzeuge)

Peter-Schneefräse	ex Panzerpiste Thun; Baujahr 1956. 2 Schleudermotoren zu je 110 PS, Gewicht 12,5 t, Vmax 12 km/h.
Schiller-Fräse	ex Wegkommission Rigi-Kaltbad; Baujahr 1957. 46 PS, Gewicht 1,3 t, Vmax 5 km/h.

Xmh
ex SBB Brünig Dmh 3962

Baujahr 1941
Hersteller Asper
Dienstgewicht 1,7 t
6 Sitzplätze
Leistung 22 PS/16 kW
Vmax Adhäsion 45 km/h
Zahnstange 30 km/h

Die Draisine stammt von der SBB-Brüniglinie und wurde dort im Fahrleitungsdienst verwendet. Im Februar 1988 wurde sie der DFB überlassen und in Goldau auf das Abt'sche Zahnstangensystem umgebaut; Einsatz ab Sommer 1988 von Realp aus.

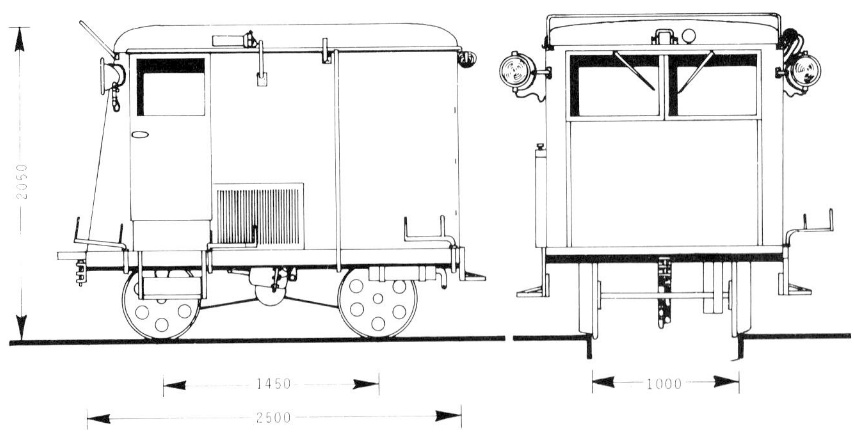

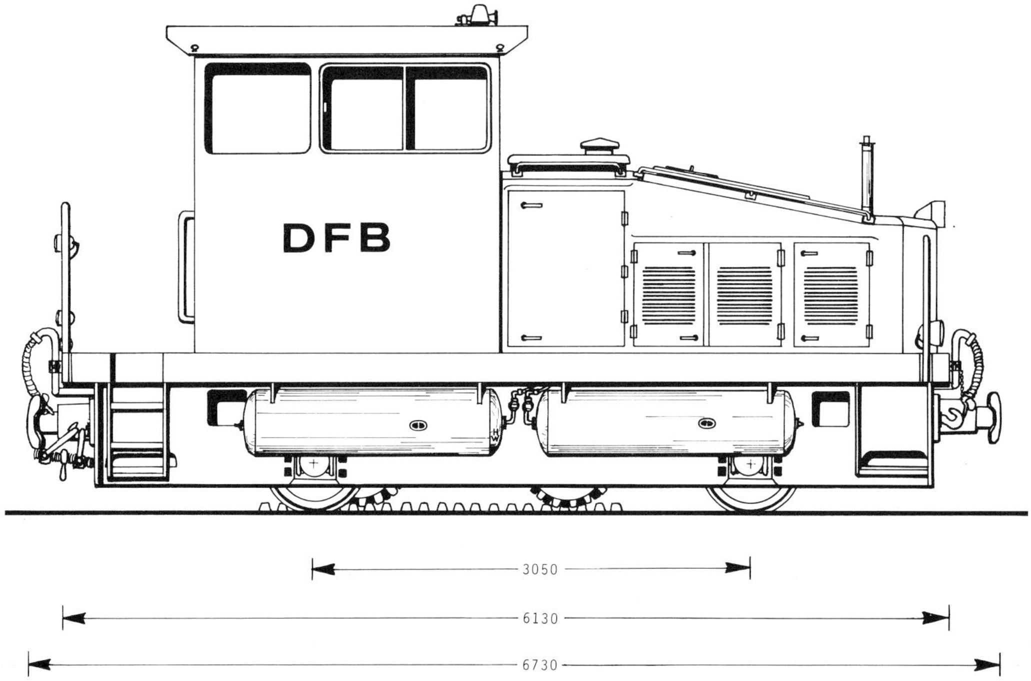

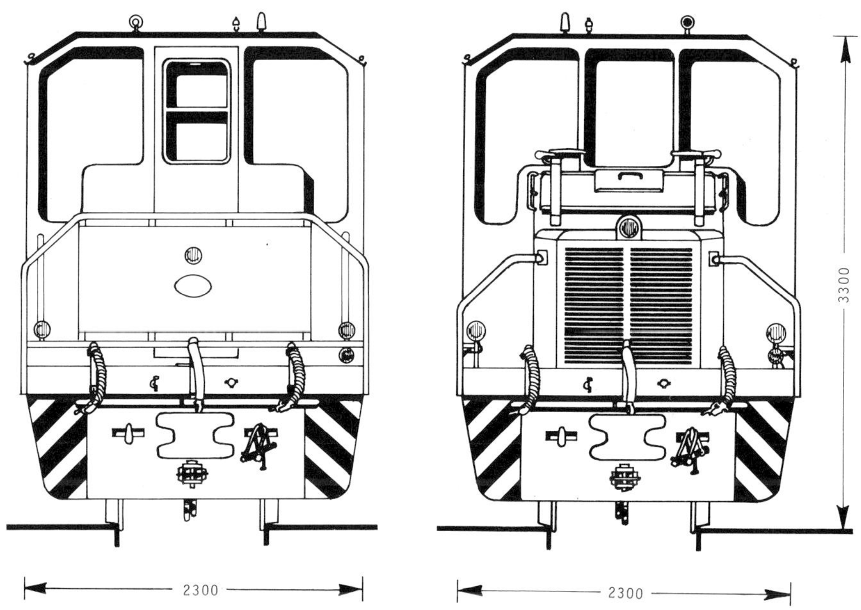

HGm 2/2

Baujahr 1959
Hersteller Deutz
Fabriknummer 57181
Umbau 1986/87 durch DFB
Dienstgewicht 20 t
Leistung 240 PS/175 kW
Vmax Adhäsion 25 km/h
Zahnstange 15 km/h

Die Lok war ursprünglich als reine Adhäsionslok im Einsatz, zuletzt beim Bau des U-Bahn-/Straßenbahntunnels Milchbuck-Schwamendingen in Zürich. 1986 wurde sie durch die DFB erworben und in der privaten Werkstatt eines VFB-Mitglieds in Goldau für die Verwendung als Bauzuglokomotive auf der Bergstrekke umgebaut:

- Verlängerung des Rahmens
- Einbau eines Zahnradantriebs mit einem Triebzahnrad
- neues Turbo-Wandlergetriebe, umschaltbar auf Adhäsions- oder Zahnradbetrieb
- neue Druckluftbremse mit zusätzlichem Bremszahnrad und Federspeicherbremse
- neue Zug- und Stoßvorrichtungen nach FO-Norm
- neues Führerhaus, Umläufe und Rangierplattform.

Einsatz ab Sommer 1987 auf der Urner Seite der Bergstrecke im Bauzugdienst. Nach Aufnahme des Regelbetriebes soll sie weiterhin als Bauzug- und Hilfslok dienen.

Pläne der DFB für 1990/91

Das wichtigste Ziel der DFB ist die Aufnahme des regulären Fahrbetriebs spätestens 1991, zunächst zwischen Realp und Tiefenbach. Dafür ist die Erteilung der eidgenössischen Konzession notwendig, mit der nach dem bisherigen Verlauf des Verfahrens im Frühjahr 1990 gerechnet werden kann. Außerdem muß der Streckenabschnitt Realp - Tiefenbach vom BAV kollaudiert werden und die notwendige Infrastruktur für die Betriebsabwicklung vorhanden sein. Schließlich muß eine Dampfzuggarnitur mit einem Platzangebot für rund 120 Personen vom BAV abgenommen und für den Betrieb zugelassen werden.
Um die nötigen Finanzmittel zur Verwirklichung dieser Ziele bereitstellen zu können, plant die DFB eine weitere Kapitalerhöhung. Neben den technischen und finanziellen Aspekten ist auch die personelle Basis der DFB für den künftigen Bahnbetrieb zu berücksichtigen und entsprechend zu verbreitern. Die baldige Aufnahme des Fahrbetriebs zwischen Realp und Tiefenbach bestimmt auch die Programme der einzelnen Fachressorts der DFB für das Jahr 1990.

Der **Baudienst** setzt wiederum Schwerpunkte im Ausbau des künftigen Betriebsstützpunktes Realp sowie in der weiteren Sanierung des Streckenabschnitts Realp - Tiefenbach. Wichtige Einzelvorhaben in Realp sind die Fertigstellung der dreigleisigen Fahrzeughalle, die abschließende Inbetriebnahme der Drehscheibe und der zugehörigen Gleisanlagen sowie die Erstellung von Personalunterkünften in Form einer Containersiedlung. Auf der Strecke selbst soll die Oberbausanierung - d.h. Auswechseln von Befestigungsmitteln, Reinigung oder Ersatz der Bettung, Richten und Stopfen - auf rund 1800 m Länge fortgesetzt werden; größere zusammenhängende Sanierungsabschnitte liegen unmittelbar hinter der Wilerbrücke (ca. 500 m) sowie zwischen Tunnel I und Tiefenbach (1050 m, ohne Steffenbachbrücke). Ebenfalls Aufgabe der Gleisbauer ist der Umbau der Station Tiefenbach, dessen erste Etappe 1990 verwirklicht werden soll. Die beiden größten Einzelprojekte sind jedoch die beiden Tunnel Alt Senntumstafel I und II. Der Umfang der notwendigen Sicherungs- und Erneuerungsarbeiten ist so groß, daß hier ein erfahrenes Tiefbauunternehmen mit der Ausführung beauftragt wird. Schließlich hat der Baudienst noch für die nötige Infrastruktur des Dampfbetriebes zu sorgen, d.h. die Wiederherrichtung bzw. Neuerstellung von Wasserzuleitungen und -behältern in Realp, in km 56,7 (zwischen Tunnel II und III) und in Tiefenbach.

Das **Ressort Rollmaterial** hat für 1990 vor allem die Kollaudation der Dampflok „WEISSHORN" und des zugehörigen Dienstwagens Gk 4416 als Zielsetzung. Außerdem soll eine Personenzuggarnitur bereitgestellt und abgenommen werden, die aus zwei Personenwagen mit offenen Plattformen und zwei offenen Aussichtswagen - alle zweiachsig - bestehen soll. Im Depot Realp sind die nötigen Lokbehandlungsanlagen zu erstellen, darunter eine elektrische Kesselvorheizanlage. Die „WEISSHORN" soll während der Bausaison 1990 bereits regelmäßig mit Bauzügen zum Einsatz kommen; dabei wird auch die Personalschulung für den Regelbetrieb vor-

1990 sollen die Bauzüge bereits regelmäßig mit der Dampflokomotive WEISSHORN bespannt werden, um das Personal für den planmäßigen Betrieb zu schulen.

genommen. Ein ganz wesentlicher Programmpunkt ist der Abschluß der Verhandlungen mit Vietnam über den Kauf der vier weiter vorn beschriebenen Zahnrad-Dampflokomotiven. Diese Maschinen, die für den späteren Vollbetrieb auf der Bergstrecke vorgesehen sind, sollen möglichst noch im Jahre 1990 in die Schweiz kommen.

Neben diesen akuten Bau- und Beschaffungsmaßnahmen wird die DFB 1990 auch im **Bereich Projektierung** intensiv tätig sein, um den notwendigen zeitlichen Vorlauf zum Bauprogramm einhalten zu können. Hierunter fällt die Bauplanung für die noch in 1990 vorgesehene Sanierung der Tunnel Alt Senntumstafel I und II, die Projektierung eines Gleisanschlusses an die FO in Realp, die weitere Ausarbeitung des Projektes „Sanierung Scheiteltunnel", der Abschluß der Planung für die Bahnunterführung anstelle des bisherigen Niveauübergangs unterhalb Muttbach, die Fertigstellung der Pläne für die beiden Niveauübergänge am Bahnhof Gletsch sowie die Neuprojektierung einer Erschließungsstraße von der Furkastraße zur Station Muttbach.

Ausblick

Nach nun vier Jahren intensiver Rekonstruktionsarbeit auf der Furka-Bergstrecke hat sich deutlich gezeigt, daß das Vorgehen der Dampfbahn Furka-Bergstrecke AG und des Vereins Furka-Bergstrecke richtig war.
Neben der bahntechnisch bedingten Führungsrolle der DFB AG im Wiederaufbau und gegenüber den Behörden ist der Verein Furka-Bergstrecke das geeignete Instrument, um das gemeinsame Ziel in der Öffentlichkeit mit Sammelkampagnen und „à fond perdu"-Finanzierungen von Einzelobjekten voranzutreiben. Nicht zuletzt kommt aus dem Verein nahezu das gesamte personelle Potential für die Fronarbeit an der Strecke und am Rollmaterial. Beide Organisationen bedingen sich gegenseitig und müssen weiter wachsen, wenn das gesteckte Ziel, der durchgehende Bahnbetrieb, bis 1996 realisiert werden soll.
Vor der Dampfbahn Furka-Bergstrecke AG und dem Verein Furka-Bergstrecke liegen nun noch einige harte Jahre, wo sämtliche Kräfte benötigt werden, denn die Hoffnungen und Erwartungen, die international an das Projekt geknüpft werden, dürfen nicht enttäuscht werden.
Wenn ab 1991 die kobaltblauen Dampfzüge wieder die Zahnstangen am Furkapaß erklimmen, werden die positiven Impulse auf den Tourismus im Goms und im Ursental gewiß den Erhalt der einzigartigen Bergstrecke auf Dauer absichern.

Der Verwaltungsrat der DFB AG
Der Zentralvorstand des VFB

Noch nach Drucklegung der vorliegenden Veröffentlichung erreichte uns die folgende Meldung:

Am 22. März 1990 wurde das Konzessionsgesuch im Nationalrat abschließend behandelt und der Beschluß über die Verleihung einer eidgenössischen Konzession für die Strecke Oberwald - Gletsch - Furka - Realp für die Dauer von 50 Jahren an die Dampfbahn Furka-Bergstrecke AG gefaßt.

Zahnstangenabschnitte (max. Steigung 110 ‰)	
Oberwald - Gletsch	4440 m
Gletsch - Muttbach-Belvédère	3459 m
Furka - Tiefenbach	2982 m
Tiefenbach - Realp	2609 m
Gesamtlänge Zahnstange	13490 m
Zahnstangenbauart	Abt, 2-lamellig
Teilung	120 mm

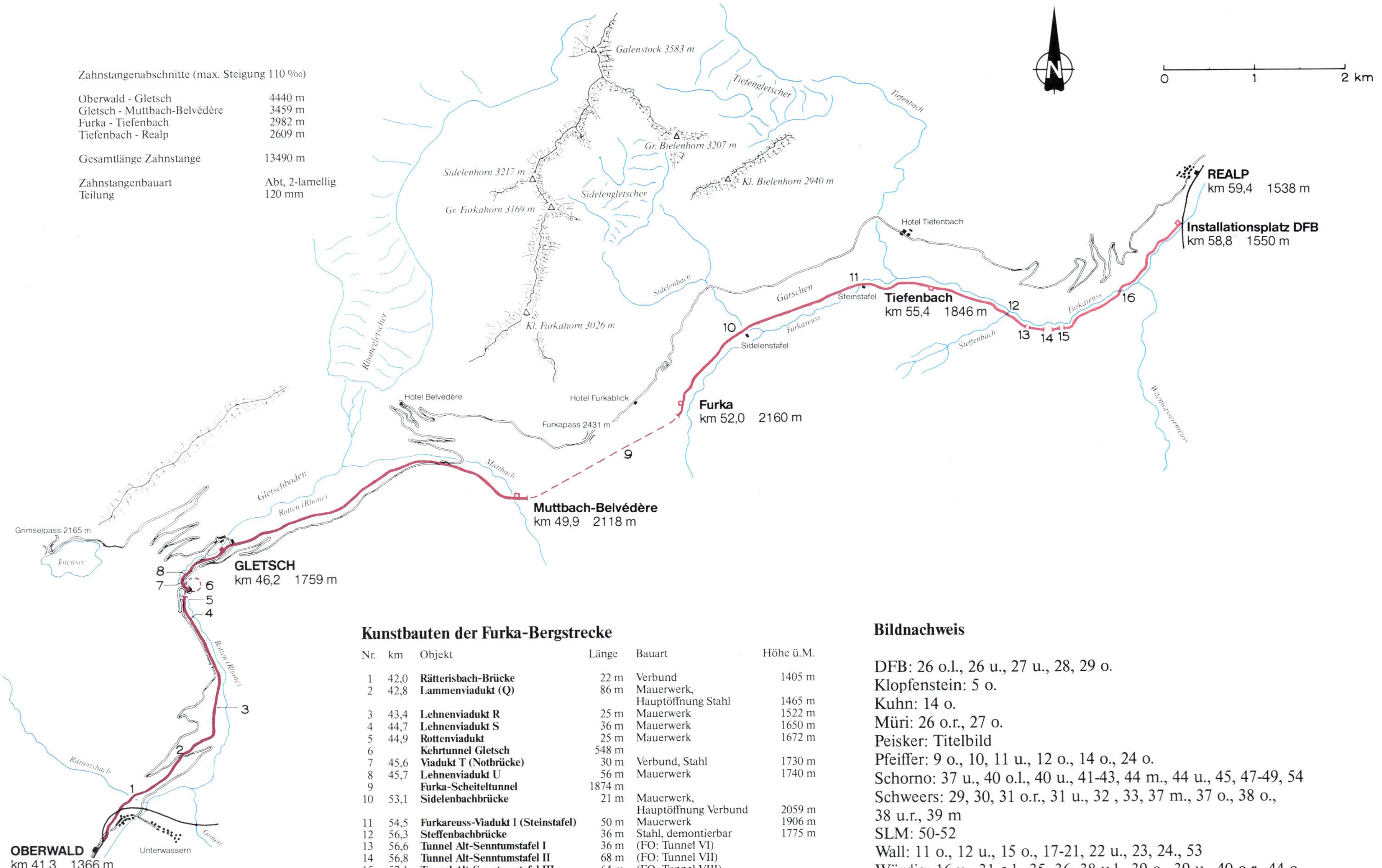

Kunstbauten der Furka-Bergstrecke

Nr.	km	Objekt	Länge	Bauart	Höhe ü.M.
1	42,0	**Rätterisbach-Brücke**	22 m	Verbund	1405 m
2	42,8	**Lammenviadukt (Q)**	86 m	Mauerwerk, Hauptöffnung Stahl	1465 m
3	43,4	**Lehnenviadukt R**	25 m	Mauerwerk	1522 m
4	44,7	**Lehnenviadukt S**	36 m	Mauerwerk	1650 m
5	44,9	**Rottenviadukt**	25 m	Mauerwerk	1672 m
6		**Kehrtunnel Gletsch**	548 m		
7	45,6	**Viadukt T (Notbrücke)**	30 m	Verbund, Stahl	1730 m
8	45,7	**Lehnenviadukt U**	56 m	Mauerwerk	1740 m
9		**Furka-Scheiteltunnel**	1874 m		
10	53,1	**Sidelenbachbrücke**	21 m	Mauerwerk, Hauptöffnung Verbund	2059 m
11	54,5	**Furkareuss-Viadukt I (Steinstafel)**	50 m	Mauerwerk	1906 m
12	56,3	**Steffenbachbrücke**	36 m	Stahl, demontierbar	1775 m
13	56,6	**Tunnel Alt-Senntumstafel I**	36 m	(FO: Tunnel VI)	
14	56,8	**Tunnel Alt-Senntumstafel II**	68 m	(FO: Tunnel VII)	
15	57,1	**Tunnel Alt-Senntumstafel III**	64 m	(FO: Tunnel VIII)	
16	57,7	**Furkareuss-Brücke II (Wilerbrücke)**	59 m	Verbund	1611 m

Bildnachweis

DFB: 26 o.l., 26 u., 27 u., 28, 29 o.
Klopfenstein: 5 o.
Kuhn: 14 o.
Müri: 26 o.r., 27 o.
Peisker: Titelbild
Pfeiffer: 9 o., 10, 11 u., 12 o., 14 o., 24 o.
Schorno: 37 u., 40 o.l., 40 u., 41-43, 44 m., 44 u., 45, 47-49, 54
Schweers: 29, 30, 31 o.r., 31 u., 32 , 33, 37 m., 37 o., 38 o., 38 u.r., 39 m
SLM: 50-52
Wall: 11 o., 12 u., 15 o., 17-21, 22 u., 23, 24., 53
Würdig: 16 u., 31 o.l., 35, 36, 38 u.l., 39 o., 39 u., 40 o.r., 44 o., Umschlagrückseite

Fahrzeugzeichnungen: Wall
Streckenkarte: Schweers